水西·书系
SHUIXI SHUXI

一个人是千万人的出发点

詹大年 ……… 著

好的关系 好的教育

HAODE GUANXI
HAODE JIAOYU

山西出版传媒集团
山西教育出版社

詹大年这个人

"某某委员""某某专家",虚的。

"某某会长""某某顾问",挂名的。

"校长",真的。很多人不知道詹大年的名字,用"校长"专称他。詹大年做了30多年校长:公办14年,民办23年。詹大年做过4所学校的校长:都是先有校长,后有学校。詹大年的校长越做越小:从公办到民办,从数千人到百十人,从普通学校到"问题孩子"学校,从体制内到体制边缘。

无数不上学的孩子被詹大年"骗"到身边,然后又"赖"着不走,整天跟着詹大年乖乖地学,悠悠地转,傻傻地笑。

家长们称詹大年是"神奇的校长",孩子们称詹大年是"最可爱的人"。专家们称詹大年是"同道人",评价詹大年是"真正的教育家""最有教育情怀、教育责任、教育能力、教育智慧的校长"。

詹大年调侃自己:远看40多岁、近看50多岁、实际上60多岁;耐心60岁、细心50岁、恒心40岁、爱心30岁、信心20岁、童心10岁。

目 录

006　序1 / 假如所有校长都是詹大年（李镇西）
024　序2 / 我就是一个落后的老师（詹大年）

第一章
关系建立，教育才会真正发生

031　好的关系，才是好的教育
042　关系建立，教育才会真正发生
054　倾听生命的声音——关于教育的"21点思考"
058　教育是满足生命的需求
076　学校不是学知识的地方
078　没有谁让你"跪着教书"
081　"教师也是人"——教师应该是什么样的人？
083　丑小鸭中学神奇，但"神奇"不是"神"和"奇"
098　简单三招，师生都可以更加轻松
107　如果詹大年没了，丑小鸭中学还有吗？
109　这样的"学校制度"会让孩子战战兢兢
112　"择优"是一种伤害
116　批评是让孩子"抬头"，而不是"低头"

第二章
教育一定会朝着美好的方向发展

- 123　谈心，是不是一个圈套？
- 125　用美的方式开启德育的大门
- 132　期末评语——老师的人格，学生的未来
- 134　成年人本应该消化焦虑，却把焦虑砸向了孩子
- 137　我是为孩子好，孩子为什么不听？
- 139　为什么有的孩子爱玩手机？
- 142　假期里，孩子为什么爱玩手机？如何对待？
- 145　不要让网络玩孩子
- 147　孩子玩的其实不是手机，而是孤独……
- 150　早恋，根本不算"问题"
- 157　性教育：孩子已经过河了，我们却在摸石头……
- 159　孩子的问题不是学习问题，而是关系问题
- 161　决定孩子学习成绩的不是家长，不是老师，也不是他自己……

第三章
对身边的孩子好一点

- 165　厌学：一头是成年人的焦虑，另一头是孩子的需求
- 168　对"上学"的理解，孩子和成年人不一样
- 170　"青春期+抑郁"正在折磨一些孩子
- 176　如何应对青少年自伤、自残、自杀……
- 185　生命被控制　孩子不想活
- 192　假期，读一本叫"孩子"的书
- 195　所谓开学"收心"，基本是瞎操心
- 197　开学了，建立关系比"约法三章"更重要
- 199　没有一个孩子不想上学，只是不想面对上学带来的痛苦
- 202　一对盲人夫妇把孩子交给我的那一刻——致敬纯粹的生命
- 208　所谓"听话"，是满足一种控制欲
- 210　淹死人的真不是水，而是对水的恐惧与无知
- 214　啃自己的手指，碍着谁了？
- 216　我们的心态，容不下正常的孩子

第四章
孩子会长大的

- 221 春节，成年人表演幸福，孩子却表现痛苦
- 223 成年人一起来"对付"一个小坏蛋，这就是家庭教育吗？
- 227 十年前的那只"丑小鸭"哭着飞回来了
- 231 我很心疼"土猪拱白菜"的孩子——因为他被我们教错了
- 234 人格，都可以更完整；人生，都可以很幸福
- 236 如何取舍——人生观的核心问题
- 239 真正的大学在心里
- 241 致少男少女：爱情可以再来，成长不容等待
- 243 "学习目的明确"是一件很可怕的事
- 248 我所了解的苏霍姆林斯基
- 260 帕夫雷什中学的N个不一样
- 267 这所学校不考试、不排名，成绩却名列前茅，秘诀呢？
- 270 这所学校告诉我：德育不是装腔作势骗孩子

序1 / 假如所有校长都是詹大年

"你一定要出书!"这是我好几年前给大年的建议。

我不是出于个人名利方面的考虑,而是非常希望他的理念能够成为尽可能多的校长的共识。这个共识就是——不放弃每一个孩子,因为每一个孩子都可以拥有属于自己的幸福人生。其实,仔细想起来,詹大年的所谓"教育理念"也没多少原创,大多属于常识,无非就是"爱"呀、"尊重"呀、"平等"呀、"走进心灵"呀、"因材施教"呀……但是,当我们见过太多功利的学校和势利的校长——在起始年级拼命抢"优生",到了毕业年级又使劲地甩"差生",然后吹嘘自己如何取得了素质教育的累累硕果……两相对比,大年这些朴素的教育行为就格外珍贵,也特别让我感动。这也是我竭力希望大年出书的原因。

我经常想,假如所有校长都是詹大年,中国的基础教育会怎样?当然,所谓"所有校长都是詹大年",只是一个形象的说法,每一个人有自己的个性,包括思想个性。每一个地

区、每一个学校也有自己独有的实际情况,不可能也没必要人人都成为"詹大年",但我用这一句话想表达的意思是——希望所有校长都像詹大年一样把每个孩子都放在心上,而不仅仅是厚爱"优生"。我一直认为,判断一个教育者的爱心是真是假,只有一个标准,那就是看他对后进生的态度;同样,判断一个教育者是否真有智慧,也是看他对后进生的态度。办学十多年,丑小鸭中学不少原来的问题学生不但回归了正常的人生之路,而且许多学生在各行各业也很有出息。但以世俗的眼光看,这里毕业于清华、北大的"高端人才"似乎不多。然而,我认为,将家长绝望、老师头疼的"问题孩子"

培养成善良、正直、勤劳、睿智的合格公民,同样能够彰显出教育的无量功德。这就是詹大年和丑小鸭中学对于中国教育以及许多"问题孩子"家庭的价值。大年的文字简练、精粹而隽永,往往三言两语便概括出教育的真谛。我相信,一切真诚热爱孩子的教育者都会引起共鸣,受到启发。当然,比这些文字更生动鲜活也更感人的,是大年的校园和他自称"问题孩子他爹"与孩子们的教育故事。2018年9月,我第一次去丑小鸭中学后,感动之余写了一篇文章,附在后面,权当代序。我曾经公开声明,不再为他人著作写序,但詹大年是例外。祝福大年,祝福丑小鸭中学,祝福中国教育!

2023年3月17日

附：

"任何时候校长都会帮助你"

——一所难以置信的学校和一位不可思议的校长

一

我以前不认识詹大年。偶尔在网上看到他的名字，隐约知道他是昆明一所民办学校的校长。这次到云南宜良，初次见面他就把我征服了。"问题孩子他爹"，是詹大年名片上的自我介绍。因为他的学校专收全国各地其他学校踢来踢去不要的学生。"别人不要，我要！"他说。那么怎样的孩子是"其他学校踢来踢去不要的学生"呢？当然不是能够考上清华北大的"尖子生"，是那些家长管不了而学校也不敢管的孩子。詹大年把他的学校取名叫"丑小鸭中学"。读过安徒生童话的人都能明白这个校名的含义，即这些孩子其实都是未来的"白天鹅"。这个校名寄寓着詹大年对这些孩子的爱和信任。因为在詹大年心里，这些学生并非是一成不变的"特差生"，只不过是不适应传统教育而已。他认为，有些孩子特别聪明、特别感性、特别善良、特别有才，但他们不适应传统的体制内教育，不接受传统的评价，因而或厌学、或逆反、或冷漠、或逃避……被称为"问题学生"。因为是"问题学生",便被家长打骂,被老师歧视,被同学排斥,被学校劝退……而正是这一切,才把他们真正推向了"特差生"的行列。

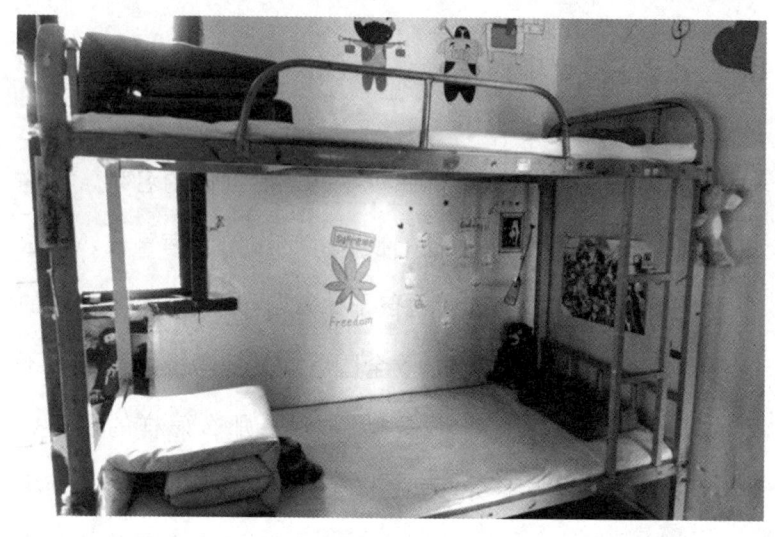

"许多孩子都是被绑来的,或者被骗来的。"詹大年说。由于种种原因,初到这里的学生都"劣迹斑斑"——这可不是夸张之词。詹校长给我介绍说:"还有的女孩子是怀着孩子被送到我们学校的。"其实类似的学校我也听说过,比如工读学校,或者网上传闻的各种戒网瘾的学校。"但我们学校就是一所正规的初中。"詹大年强调说。因为是"一所正规的初中",所以该校开设了初中阶段的所有课程。但毕竟生源和其他正规的初中有所不同,因此他们还有针对性地开设了军事、

心理、瑜伽（女生）、艺术、人格、健康、表达、梦想等10余门校本课程，此外，还开设学生社团等自由课程。

二

詹校长带我转校园。我先来到学生宿舍楼，无论是女生宿舍还是男生宿舍，都十分干净整洁，尤其是那叠成豆腐块形状的被子，刀切一般的棱角，让我仿佛置身于军营宿舍。但墙上的各种彩色图案，又提醒我这并非军营。"那是学生自己画的，随便他们画什么，我们不管的。"詹校长说。出了宿舍楼，看到远处有一群初二孩子在上体育课。当我走近他们时，孩子们很有礼貌地向我问好："老师好！"他们温和的举止，很难让人看出他们过去是怎样的顽劣不堪。在初一和初三的教室里，孩子们聚精会神地在听课，或热烈地分组讨论。

  唯一和我看到与其他学校教室不同的是，每个班都只有20来个学生。詹大年说："我们不敢多招，必须小班化，这样才能保证对每一个学生的关爱，保证教育真正走进每一个学生的心里。所以现在每个年级20个孩子，全校60来个学生。""有的学校会用电击等手段惩罚学生，但我们一开始就反对体罚学生。"听了詹大年这话，我却产生了困惑：离开了体罚，学校的老师是如何"驯服"这些学生的？詹大年说："在我们学校，对老师的基本要求是爱心和智慧。"他带我来到学校的心理咨询室说："在我们学校，学生犯了严重错误，最严重的处理就是带到这里来进行心理疏导，慢慢和孩子沟通。"他给我看沙盘、学生画的画、写的小卡片以及制作的手工作品。既然詹大年自称是"问题孩子他爹"，那他自然十分疼爱孩子。他说："这些学生对我特别亲热，他们都知道我是可以被他们挑战的，这样便形成一种传统，新来的孩子会从上一届的孩子口中了解到，这个学校的校长是怎样的一个人，他们也就不怕我，自然而然和我亲近了。"这个"爹"常常在假期带着他的孩子们全国各地疯玩儿：北京、四川、湖南、海南、广西、贵州……

三

我看过太多的学校,把"以人为本""一切为了学生"之类的话醒目地写在墙上,可在丑小鸭中学的校园里,类似的话一句都没有。但是,我看到在每一间教室的墙上都写着这样几行字——

任何时候校长都会帮助你。詹大年 电话:13888378833;QQ:695628896;微信:zhandanian8833;博客:詹大年的博客

"任何时候校长都会帮助你",这句平淡而温馨的话连同手机号、QQ号和微信号,让我感动万分,肃然起敬。试问,全国有几个校长敢把自己的个人联系方式向学生如此公开?更耐人寻味的是,它们没有显赫地写在校门的墙上以展示校

长的"爱心",而是低调地写在每一间教室里。因为它们是写给孩子们看的,而不是写给前来参观的嘉宾、验收的专家或视察的领导看的。那么多学校写(或镶嵌)在墙上的"办学理念""培养目标""校风""教风""学风"等醒目精致的美术字,顿时在我心中黯然失色。因为这些字句都是展示给来宾看的,和学生关系不大——如果是小学,那孩子们根本就是看不懂的。詹大年就住在学校。我问他:"是不是每天晚上你都提心吊胆,随时准备应对学生的突发事件?"他说:"以前有过的,但现在完全没有这个担心了。"在和詹校长聊天的过程中,没有听到一句他抱怨学生的话,都是疼爱和欣赏。他说:"也许我性格如此吧,我看每一个孩子都特别顺眼。"

四

詹大年的确天性善良,富有良知。很多年前,他捡了一个刚出生几天的弃婴,是个女孩,他毫不犹豫地将孩子带回家,当作自己亲生的孩子养着。大年给我看了10年前孩子骑在他脖子上的照片,孩子的快乐和父亲的满足感染着我。"她6岁的时候,给我写过一封信,信封上是一个回家的女儿和一个在门口等候的爸爸,这是孩子自己画的。我看到这封信,

哭了!"大年给我看他保存至今的信和信封。这封信不长,但每一个字都戳中我的泪点。

爸爸您一定很辛苦吧!谢谢您的养育之恩,我一定会考一个好成绩报答您。最后再祝您节日快乐、高高兴兴、快快乐乐、身体健康。还有您老了之后,我会像您照顾我那样照顾您。

我爱爸爸!

您的女儿 詹缘之

大年给我解释:"女儿5岁上学,这是在父亲节那天她写给我的。我给她取名'缘之',因为我觉得我和她有着生命的缘分,'之'的意思让她长大后自己想。"

现在这孩子已经读高三,"孩子很优秀,明年考一本应该没有问题!但是,她是从来不去补课的,因为我不同意。"詹大年说着,充满自豪。

五

也是因为爱和良知,在当了14年公办学校的校长后,他毅然辞职。"我看不惯那些不择手段挖优生、赶差生，千方百计捞油水的校长——他们的工作却风生水起，他们如鱼得水。要我不择手段地去挖优质生源，然后千方百计地挤走差生，以提高所谓'办学质量'，我难受！但在体制内的学校，这样做似乎是天经地义的，是潜规则。我改变不了别人，于是我干脆走人。"我在微信上写道："办一所学校，专门招收别的学校不要的'差生'。这样的校长我佩服，詹大年就是这样的教育者。"让我敬佩的当然不止是詹校长，还有这个学校的老师。他们大多是年轻人，充满激情，富有爱心，不断在攻克一个一个难题的过程中积累着智慧。因此，我在讲座中当着县教育局局长和两百位校长、骨干教师说："那些靠教本来就很优秀的学生而成为'优秀老师'的老师，并不是真正的优秀老师；只有能够教'差生'的老师，才是真正的优秀老师。丑小鸭中学的老师们就是真正的优秀老师！"

六

在这里，我不避讳"差生"这个说法。我和詹校长专门讨论过这个词，我们都认为，变着花样地换表述——什么"学困生"呀、"潜力生"呀、"待优生"呀、"问题学生"呀、"特殊学生"呀……看似尊重学生，其实是不承认现实。差，

是一种客观存在,没必要回避这个说法。只是不要用"差生"去直接称呼学生,而用于研究这类学生,完全可以。但是我们要明白,这个学生今天"差"不等于永远"差",这个方面"差"不等于其他方面都很"差"。重要的不是如何称呼他们,而是如何对待他们。

在学校的荣誉墙上,我看到这样的奖牌——"张红艳:云南省优秀学生干部""陈雪蓉:昆明市三好学生""周银鑫:昆明市三好学生""程星鑫:昆明市三好学生""陈俊儒:宜良县三好学生"……也许这些奖牌在其他学校算不上什么,可在丑小鸭中学,他们已经是美丽的白天鹅了!我还在校园

里看到一幅已经有些褪色的照片,两个漂亮的女生,脸上洋溢着青春的笑容,那么阳光,极富感染力。我忍不住问大年:"这是你学校的学生吗?"

大年说:"是呀!"他给我看了这张照片的原图,两个女孩真是漂亮可爱!我无论如何都没法将这两个女孩同"差生"的概念联系在一起。大年得意地告诉我:"我的第一本著作,就是这两个女孩帮我整理编辑出版的。"说着,大年送我一本书,这是他的教育随笔——不,准确地说,是他和他学生作品的合集,正如书名所说是《丑小鸭校长与白天鹅孩子》。"我的几个学生为这本书付出了太多,他们那么认真地帮我整理编辑。"我翻开扉页,上面有这几个孩子的签名。里面的插图也很精美,富有情趣。"也是孩子们画的。"大年说。

七

读着这些承载着大年和孩子们彼此感情的故事,我先是眼睛湿润,连读几篇,积蓄已久的眼泪终于夺眶而出。

我忍不住想,为什么这些孩子在原来的学校和老师没有这样的情感呢?当然,这本书不仅仅凝聚着师生感情,更积淀着大年对教育的感悟和思考——

在孩子面前,傻乎乎的简单,傻乎乎的真实,会让你更可爱。你可爱了,孩子就会和你走得更近了。任何一个孩子都是聪明的,只是他们聪明的方式不同;任何一个孩子都是优秀的,只是他们优秀的方式不一样。用学生喜欢的方法,教学生需要的东西。教师的工作,是"帮"学生,而不是"管"学生。好老师是一个"好人",他首先把孩子们当人看;好老师是一位"真人",他不会装模作样;好老师是一位"智者",他传递智慧而不只是传授知识。对学生来说,离开学校很多年以后,会把很多老师都忘记了,如果还记得某位老师,那这个老师就是好老师。中国当代教育对孩子潜移默化的最

大毒害只有一个字："假"。孩子的真性、真情、真心、真爱，在假话、套话、空话的教学环节与教育手段中，一点点被无情蚕食。他们从学校一毕业就是一个会造假、习惯造假的人。他们将和身边的人一起共同营造一个虚假的社会，然后用这样的实用哲学与人生态度来教育他们的后代。教育，是不计后果的信任，是不知深浅的摸索，是不怕牺牲的投入，是永不放弃的执着。校园，因"我"而美丽；学生，因"我"更幸福。这，才是一个真正的有价值的老师……

丑小鸭中学建校于2011年，当初大年倾注自己的所有积蓄，做生意的弟弟也给了他一笔钱，才在昆明郊县宜良附近的一座小镇旁边，找到一处废弃的旧校舍，算是把学校办起来了。"我没想过要赚钱，办这种学校也赚不了钱，不过我现在已经是正资产了，如果不包括现在的欠账的话！"他乐呵呵地自嘲道。7年过去了，大年和他的同事们取得了令人欣慰的成绩。说起这些，大年如数家珍：2000多个曾经弃学叛逆的"问题孩子"到丑小鸭中学后，基本恢复了正常生活学习的常态。现在有的上大学，有的上高中，有的已经工作了。

"一个被我亲自绑过来的女孩，考上5年制大专，毕业后被北京武警总医院录用了。还有好些孩子已经有了自己的小公司了。"大年眼睛笑得眯成一条缝，俨然是在说他已经当上"总统"的孩子。我说："这些孩子该是多么感谢你呀！""嗯，一到节假日，我都不敢离开学校的。因为，毕业的孩子们要回来呀。"大年说着，又嘿嘿笑着，过早沧桑的脸上，连眼角的鱼尾纹都堆满了幸福。

八

当然，实事求是地说，并不是每一个来这里的学生都教好了，因为并不是每一个学生都能够教好，但大年敢于办这样一所学校,并努力争取让尽可能多的孩子回到正常成长的轨道,并获得自己的幸福,这种探索和努力在当今这个急功近利的教育背景下,是极为可贵的,是值得尊敬的。现在,依然有家长源源不断地把让他们感到绝望的孩子送到詹校长这里来。大年对学校的前途没有表现出特别的乐观,也没有表现出特别的悲观。他淡定而执着。他没有"高瞻远瞩"的"战略眼光",只有当下一个个孩子和家庭。他说:"我没想过失败,也没有想过会倾家荡产,我只是想如果我能让一个被放弃的孩子回到正常的生命状态,就是成功;如果能够让几近崩溃的家庭找回欢笑与希望,就是幸福。"

今年教师节那一天,大年在微信公众号上这样写道——

生命,来也平淡,去也自然。

生命里,本来就没有什么特别的大事。

哄孩子,教自己,每一天。

这样,很好。

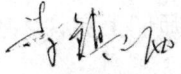

2018年9月13日于昆明至郑州的航班上

序 2 / 我就是一个落后的老师

1979年,我"考上了"——全国只招了28万人,录取率为6.1%。那时候,我们都不知道什么叫"志愿";那时候,我们只想离开农村——太累、太脏,还吃不饱。

班主任说:"你就报师范吧!"

我说:"师范?师范是干吗的?"

"毕业出来当老师。"

"好!"

当然好。在我眼里,天下只分为两种人:一种人像我爸爸他们,每天都种地,种完地回家骂孩子,也揍孩子;还有一种人就是我的老师,不种地,穿戴干干净净,哄孩子,也骂孩子。老师们上完课,在村子里转悠,不用干活,还可以在学生家里吃到荷包蛋。

小时候,我被父亲骂烦了,也打怕了。我发誓:将来我长大了不打孩子,不让我身边的孩子有任何恐惧。

就这样，我进了师范学校。

那一年，我们全县仅仅毕业了三十几个师范生。我是优秀实习生，人也长得比较帅，有一种成为国宝的感觉。一位负责分配的老师过来告诉我："你就到县城工作了。"我一下子急了。县城到我家里坐车加赶路至少要半天，还要一块七毛的车费。我受不了，也受不起。

于是，通过"找关系"，我终于被分配到了离家才五六里的一所初中。农村很穷，孩子们很苦，能上初中的孩子不到一半，我却尽可能让他们在学校里过得轻松快乐。

我当班主任，从来没有开除过一个孩子，却把被别人开除的孩子收到自己身边。我当语文老师，几乎没有让学生做过作业，但班上的成绩非常好，我也曾经拿到全县教学比武一等奖。我不会去检查学生是否迟到，也不会批评迟到的学生，但纪律却是全校最好的。

就这样，我当了语文教研组长，当了教务主任。工作的第七年，我当了校长——这是我一生中最错误的选择，但我不后悔。

我当了校长，把一所小学变成了中学，学生也从100多人增长到1000多人。那些年，一到开学我就躲起来，因为"走后门"要进来读书的人太多了。

2000年冬，离放寒假还差一个多月，我突然提出辞职，因为我受不了内心的煎熬，我想给自己找一条生路。我看不惯那些不择手段挖优生、赶差生，千方百计捞油水的校长，可他们却干得风生水起。

我觉得我对不起跟着我的同事，更感觉对不起我自己。

离开湖南时，我连路费都不够。弟弟说："哥，你太落后了。"妹妹说："没钱的校长才是好校长。"

我逃到了昆明。

我无意中看到一所民办学校——收破烂的当校长，初中生当老师，师生全都挤在又黑又潮的小民房里，粉笔是这里

享受孤独的美好

唯一的教具,还被老板定量供应。后来我发现,这样的学校很多!

我暗暗发誓——我要改变昆明的民办教育。

20年了,我没有改变昆明教育,却让昆明教育改变了我。

2011年,我放弃了我的九年一贯制学校,在昆明郊县找了一处旧校舍,又继续办学,取名"丑小鸭中学",只招收那些因为难管教被"踢来踢去"的孩子。

"詹大年,你胆子真大!"好多人这样说。

我没有想过失败,也没有想过会倾家荡产,我只是想如果我能让一个被放弃的孩子回到正常的生命状态,就是成功;

《新教育家》2020年9月号封面

感恩用生命与我同行的人

如果能够让几近崩溃的家庭找回欢笑与希望,就是幸福。至于学校可以办到哪一天,我不管,因为那是只有上帝才知道的事。

能办学,肯定好,办不了,不代表我的失败,更不代表我要离开我的教育事业。

教育,本来就是激发每个孩子生命里所固有的东西,给予每个孩子生命里所需要的东西。否则,那不是教育。

在我眼里,没有困难,只有一条属于自己的路。再难走,也是通向成功的路。

2023年是我从教的第43个年头，也是办丑小鸭中学的第13年。

希望我可以继续走下去。

——我计划着，这一辈子在讲台上过60个教师节。

我反对"择优录取"，质疑"高效课堂"，担心"深度学习"。

记忆中，我没有获得过"先进××""优秀××"的奖励。因为，我没有这样的追求，我觉得任何的"平淡"不一定就是"无奇"。

生命，来也平淡，去也自然。

生命里，本来就没有什么特别的大事。

哄孩子，教自己，过好每一天。

这样，很好。

第一章

关系建立,教育才会真正发生

§

社会是关系的产物,

有好的关系才有好的教育,

而有好的设计才会有好的关系,

关系来自设计。

好的关系，才是好的教育

好的关系，才是好的教育。家庭并不是"第二学校"，而是一家人共同的成长与学习中心。人并不是独立存在的，而是时刻处于关系当中。我们应当在好的关系中、在家庭教育这场终身游戏中静待花开。昆明丑小鸭学校是我创办的民办初中，专为不适应传统教育、不接受传统评价方式、不想上学的边缘孩子提供帮助。他们被普遍称为"问题孩子"。我认为，这些孩子所表现出的问题，来自不恰当的家庭教育而非孩子本身。教育的不足使得他们难以应对困难。当困难不断累积，就会外化为逃学、逆反等问题行为。这也是我创办丑小鸭学校来帮助他们的原因。

家庭的教育功能

对于不同的家庭成员（老人、青年、儿童等），家庭承担着不同的功能，包括生育功能、生产功能、生活功能、养育功能、赡养（保护）功能、休闲娱乐功能以及教育功能。一个家庭只有在功能完整时，才可能发生真正的教育。许多人在谈及家庭教育时往往会陷入误区。首先，父母的收入和学历水平并不能决定家庭教育的质量。其次，人们普遍认为家庭教育是指家庭中的成年人一起"对付"家中的孩子。事实上，家庭教育是家庭功能的自我完善、家庭文化的自然提升、家庭责任的自觉承担和家庭成员的自由成长，并且好的家庭教育需要符合孩子的需求。家庭教育中，谁来扮演教师的角色？答案是家庭本身。所有成员都在家庭中生活、陪伴、成长与提升，他们既是教育者，也是受教育者。在家庭中，家长是更加丰满的人，为全家提供着资源，但他们也同时接受着来自家庭的教育；孩子是资源的使用者，但他们也在承担着教育者的角色。所以，只有家庭成为所有人的老师时，家的功能才是完整的。朱永新老师曾说，家庭不是"第二学校"。目前，很多家庭将家庭教育变成了学校的"第二课堂"。之所以会出现这样的情况，是因为"家长"和"父母"的功能遭到分割，父母的概念和功能被淡化。也就是说,当家庭成员的人格和责任缺失,"父母"彻底异化成"家长"时,家庭的功能就会丧失,成为"第二学校"。在家庭教育中,每一个家庭都会面临焦虑的情境。焦虑的来源各有不同,我从三个方面进行解释。

第一,焦虑的来源与个性相关。曾经有一位家长给我留言说,自己的孩子做事很慢,经常拖拉,他为此感到很焦虑。我认为,做事情慢和拖拉是两个完全不同的概念,有中性和贬义之分。每个人都有自己独特的个性,所以每个人都有自己独特的做事风格。不论是急性子、慢性子,性格内向还是外向,都不是人的缺点,而是个性的体现。人的个性难以改变,所以家长需要引导孩子扬长避短,而非为此感到焦虑。

第二,焦虑的来源与情绪情感相关。有一个孩子在学校表现很好,但在家时就会经常发脾气,在家和在校判若两人,家长非常苦恼。发脾气是一种情绪的宣泄,而非情感的表达。孩子的压力和不良情绪需要通过宣泄来缓解。对于孩子而言,家庭是最为安全、包容的环境,他们可以在这个环境中表达自己的情绪。所以,孩子在家中发脾气、顶撞父母或者使用一些不恰当词汇的时候,并不是不爱父母、叛逆甚至不孝的体现。此刻,家长应当照顾孩子的情绪,避免引发进一步的矛盾和冲突。

第三,焦虑的来源与功能问题相关。有一些家长对孩子的偏科焦虑。导致偏科的原因有很多,其中最为重要的一点在于孩子存在一定的短板,在某些功能上并不完整。比如,有些孩子的语言逻辑和文字能力很强,但数学逻辑较弱,他们就可能表现为语文和外语成绩较好而数学成绩较差。人类不具备飞翔的功能,所以他们注定无法凭自身的躯体功能遨游天际。所以,家长没必要为孩子的功能问题感到焦虑。

除了以上三点,家庭的焦虑还会来自现实因素,比如社会环境、工作压力、收入减少等。现实问题导致的焦虑一旦表现出来,只会让孩子感到束手无策,让他们徒增烦恼。家庭中,焦虑的根源在于对人性的不理解。当家长真正读懂人性,读懂孩子生长发育的规律,许多焦虑问题将迎刃而解。此时,家长们就需要学会在家庭教育中扬长避短地去处理问题。

"好"的关系 "对"的关系

什么是"好"的关系?什么是"对"的关系?在我创

办的丑小鸭学校中,有一位初二的女孩问我,在校是否可以谈恋爱?我无法直接给她答案,只能问她为什么要向我提出这样的问题。女孩向我坦白说,她和一个叫阿松的孩子互有好感。女孩愿意向我坦白,说明我们之间建立起了"好"的关系,但她在学校谈恋爱的行为并不是"对"的。所以,"好"的关系是指一段和谐、信任的关系,而"对"的关系是符合某些特定标准的关系。在家庭当中,如果家长可以和孩子建立起"好"的关系,就会营造出信任、无话不谈的家庭氛围。有一位广东的单亲妈妈将自己14岁的儿子送来丑小鸭学校学习。这个男孩曾经厌学、逃学、偷妈妈的钱玩游戏。孩子结束丑小鸭学校的学习回家后,这位妈妈告诉我,孩子会在每天散步的时候拉着她的手,像男朋友一样。当孩子告诉妈妈自己出现了遗精现象时,这位妈妈感到非常温暖,因为她和孩子之间已经消除了隔阂,建立起了"好"的关系。

我一直在思考一个问题,一些看似好的家庭,为什么没有"好"的关系?创办丑小鸭学校前,我对于"问题孩子"的认知一直存在偏差,我认为只有特殊(贫困、离异、留守、教育水平较低)家庭才会出现"问题孩子"。如今,我的这一错误理解已经被颠覆。丑小鸭学校二十多年来所帮助过的3000多名孩子，几乎全部来自我们认知中条件好的家庭。他们很多来自北上广等发达地区，父母的收入和学历都较高，有很好的物质条件。这些好的家庭之所以没有好的亲子关系，是因为他们没有厘清一个问题："对"的关系是不是"好"的关系？

家长和老师普遍认为，一段关系要先是"对"的，才是"好"的。然而事实并非如此。丑小鸭学校有一名学生结束学习，办理了离校手续，回到原来的学校。但是，当他信心满满地到教导处报到时却遭到了拒绝。教务主任给出的理由很简单，孩子的头发有一些长，不符合学校的发型要求，所以拒绝批准他返校上课。此时，这位教务主任所进入的误区就是从"对"的关系入手。同样的情形，如果由我来处理，我会批准孩子返校，赞美他当前的发型，同时向他说明学校对于发型的规定，建议他在双休日时回家进行修剪。如此处理，就不易引起孩子的负面情绪。所以，我们要先建立"好"的关系，进而建立"对"的关系。

反观前面我所提出的问题，一些看似好的家庭，为什么没有"好"的关系？在很多高学历、高收入的家长心目中，有一个"对"的标杆，他们用这一标杆来约束孩子，一味追求"对"的关系，自然无法得到"好"的关系。我曾收到一位家长的留言,他的孩子在上高三,是住校生,马上要面临高考,但他每周回家都要玩一会儿手机。此前一周,这位家长告知孩子手机坏了,正在修理,孩子没有太大的反应。这周孩子回家时,家长告诉孩子,他的手机掉进了水里,不能用了。孩子提出想要一个新手机,被家长拒绝后,孩子便不愿上学了。面对家长的求助,我提出将手机归还孩子,但这位家长表示很不赞同。他认为,孩子的手机不能归还,因为玩手机影响学习,是错误的行为。这位家长认为"对"的才是"好"的,用阻止孩子玩手机的行为破坏了亲子之间相互信任的关系。

在亲子交流中,要尽量采取对话,而非谈话的形式。谈话会给孩子带来恐惧,因为孩子知道,一旦家长找自己谈话,一定已经想好了台词,确定了观点,要达到某种目的。而对话中,亲子之间彼此平等,相互倾听,可以拉近关系。对话和谈话的另一个区别在于,对话的目的是保障亲子沟通渠道的畅通,而谈话是为了达成当下的某个目的。

有一位来自广东佛山的女孩,长得非常漂亮,也很机灵。她第一次来到丑小鸭学校时化了很浓的妆。女孩问我:"校长,您看我今天化的妆好看吗?"我回答:"好看,但是你不化妆的时候更好看。"女孩表示不相信,我说:"有一位名人曾说,青春最漂亮的,是它原本的样子。"女孩仍旧不愿相信,表示第二天还要化妆给我看。我没有再与她争辩。她紧接着向我提出了第二个问题,她问:"校长,学校里可以谈恋爱吗?"我问:"你今天第一天到校,就有喜欢的男孩子了吗?"女孩表示没有。我又问:"是有男孩子喜欢上你了吗?"女孩表示不清楚。我说:"好,既然你还没有喜欢的人,也还不清楚是不是有人喜欢你,那么等到那个人出现以后,我们再来讨论这个问题好吗?"女孩同意了。

上述交流中,我和这位女孩所采取的形式正是对话。对话的本质是倾听、尊重,给予对方主体地位,营造无话不谈的氛围。当我们把握住对话的本质,沟通就会畅通无阻。美国学者詹姆斯·卡斯在《有限与无限的游戏》一书中提出了有限游戏和无限游戏的概念。其中,有限游戏指有胜负之分、要分出高下的游戏,比如剪刀石头布。无限游戏指可以一直玩下去的游戏。学习应当是一场无限游戏,学习的目的是为了继续学习,提升自我。但是很多家长将学习变为了有限游戏,过度追求分数与评价,使得许多孩子将中高考视为游戏的终点,在考试结束后出现抑郁、自伤甚至自杀问题。

同理，亲子沟通也应当是一场无限游戏，让孩子感受到被亲近、被保护、被倾听、被理解。在亲子沟通中，家长批评孩子的初衷是为了建立渠道，保持交流。然而事实是，绝大部分家长将其变成了有限游戏，以让孩子认错、写保证书为结局。我非常认同的一句话是"家是不讲理的地方"，讲理的家庭会是一场有限游戏，因为一定会有胜负之分。不讲理而讲情的家庭才会是一场无限游戏，成员们为延续家庭关系相互扶持，每一个人都是家庭的主体。

有家长向我咨询孩子"偷"家里钱的问题。我认为，孩子作为家庭的主体成员之一，只是在用错误的手段使用家中的钱，家长不能用"偷"这个字眼来描述孩子的行为。相比指责，家长更应该关注孩子的需求，关注孩子不恰当行为背后的深层原因。当家长的说教和孩子的需求无关时，孩子就不会对家长做出回应。所以，我们要明确教育的内涵。

教育，是发展完整的人格

何为教育？首先，教育是发展完整的人格，只有完整的人格才有完整的幸福。人格的关键词是性格、主体、角色和品德。其次，教育是受教育者建构自己与自己、自己与他人、自己与社会、自己与自然的关系的过程。人都有交往的需求，丑小鸭学校帮助过的每一个孩子都希望能够在学校获得存在感，收获友谊。然而，潜在的挫折和不良关系（被贬低、嘲笑、冷落）让他们对学校产生了恐惧。有些孩子被老师安排在特殊的位置（教室最后或讲台旁边），和周围的关系被破坏。人是关系动物，当孩子同现实生活、学校、家庭、同龄人关系破裂，就必然会与虚拟的社会建立关系，这也是当下许多孩子沉迷手机的原因。孩子们通过微信等社交平台，与网络另一端的对象交流沟通，与对方嘘寒问暖。这一行为在本质上正是为了弥补自身在现实生活中存在感的缺失，填补主体需求的空白。

手机仅仅是满足需求的工具之一，依靠没收手机无法从根源上解决问题。在前面案例中的那位没收孩子手机、导致孩子拒绝上学的家长，如果可以帮助孩子重新建构现实关系，在亲子、家校、师生关系中满足孩子的主体需求，孩子自然不会选择沉迷手机。

当家长掌握了教育的规律，掌握了处理焦虑的方法，便可以"静待花开"。在我看来，"静待花开"并不是被动地等待而不关注孩子的成长。

有一个休学三年的孩子来丑小鸭学校学习。两周后，孩子仍对学校的生活感到不适应，家长提出将孩子接走。这位家长告诉我，他要将孩子带回家，"静待花开"。我对于他的想法表示不赞同，因为"静待花开"中的"静"不是休息，而是静静地守护；"待"不是不作为，而是要确认自己的孩子是否是即将绽放的花朵，是否有开花的潜能。"静待花开"是哲学，也是教育，而不是放弃努力。朱永新老师曾说，"过一种幸福完整的教育生活"。这句话成为全国新教育学校共同的执教理念和追求。我对于这句话的理解是，教育不是手段，也不是目标，而是生活。当我们把教育当成手段和目标，我们会感到痛苦，会因达不到目标而失望。曾经有人问我："其他家庭会因为一个问题孩子而'鸡飞狗跳'，你为什么可以在接收过几千个问题孩子后仍旧笑脸迎人？"我的回答是：很多家庭正在面临有目标而没有方向的生活，很多学校在做有目标而没有方向的教育，所以他们感受到了痛苦和失望。生活是教育的本质，教育是一种幸福完整的生活。我在做教育的过程中享受着生活，这就是我能够笑脸迎人的原因。

关系建立，教育才会真正发生

我18岁参加工作，没有上过大学。在湖南工作了20年后，38岁，我辞职了，去昆明办学。48岁，创办了丑小鸭中学。这个学校听名字就知道是让丑小鸭变成白天鹅的学校。丑小鸭中学2011年创办，帮助了3000多名"问题孩子"。什么是"问题孩子"呢？不能正常上学的，不能正常和家长沟通的，甚至有很多是抑郁症的孩子。最多的是来自长三角地区的，然后是珠三角地区的，再就是北京的。有一个规律，经济越发达的地方"问题孩子"越多。这些孩子出生的家庭一般有"三高"——家长学历高，家庭收入高，家庭地位高。孩子本身也是"三高"，智商高、情商高、颜值高。这些孩子一般都在名校上学，最后是完全不能正常上学。

我教了40多年书，错了30年，错在什么地方？错在对教育的思考——到底什么是教育？什么是家庭教育？按照刚才说的"三高"家庭，应该说他们教育子女的条件是最好的，但他们的孩子为什么不能上学呢？孩子是没有问题的，是我们对教育的定义错了。教育是发展完整的人格。人格在我的心里有四个概念，第一指人的品格，第二指人的资格，第三指人的性格，第四指人的责任、身份、角色。在单位你是董事长，在家里你是爸爸妈妈。如果你在家里还是董事长，你的孩子是不幸福的，你的家庭也不可能幸福。你的幸福是装模作样的幸福，不会有真正的幸福。所以，很多的不幸福就在于人格的不完整。越专业的人和越成功的人往往人格越不完整。教育应该是让优秀的人变得成功，让成功的人变得幸福。而事实上，优秀的人不一定成功，成功的人不一定幸福。很多成功的人外表是成功的，内心和本质是痛苦的。学霸吴谢宇是被保送到北大的，他的妈妈能把孩子保送进北大，成功吗？肯定成功。幸不幸福？他把妈妈杀了，然后自己被枪毙了，家庭没有了。问题出在哪里，教育不完整，人格缺失。所以，教育要发展完整的人格，要指向的是孩子的成长。

之前我在上海黄浦江边给全国400多位企业家上课。晚上，企业家们在一起提了很多问题：孩子学习成绩不好怎么办？孩子上高三了怎么能考上好大学？孩子到国外留学怎样才能适应国外的生活？有什么方法可以快速地、成功地和孩子沟通？……所有的问题都指向成功。我对他们说，你们提的问题都不是教育的问题，你们的问题都是指向成功的，而教育是指向成长的。所以，教育指向的是孩子的成长，而不是成年人的成功。吴谢宇的妈妈把吴谢宇送到北大，他的妈妈成功了，但是孩子没有成长。

很多人都希望提一个问题就可以得到解决方案，想通过一个方法立即解决教育的问题。这不是打扑克，不是打麻将，不是做数学题。成长是吃饭，吃饭了才能成长。今天吃了饭，有没有长？在长。看不看得见？看不见。但我们很多人希望得到一个立竿见影的方法，那不是吃饭，那是吃药。有人问："詹校长，我的孩子不听话怎么办？"他希望得到一个方法，通过这个方法，孩子马上就听话了。没有那么简单的方法。家庭教育是由两种因素决定的，一个是家庭的功能，一个是父母的人格。家庭功能是什么意思？家是干吗的呀？生产、生育、生活、休息、发泄、娱乐、保护、赡养、抚养、教育等。为什么家里那么好，孩子还要离家出走？原因就是他成长所需要的功能，这个家里不具备。

有这样一个例子，一个非常励志的女士在美国读了博士后，在美国有丰厚的家产，但她的孩子到高二就离家出走了。这位女士给我讲："詹校长啊，我的一切都是为了孩子，我希望把最好的都给孩子，他怎么那么不感恩、那么不珍惜、那么不听话……"问题在哪里？问题在于家长认为最好的，孩子不认为是最好的；家长认为家庭什么都有，孩子认为很多东西没有。这就是功能缺失。所以当孩子不听话的时候，一定要检查家庭的功能，孩子成长需要的基本条件够不够？只要跟孩子多沟通就会知道。

丑小鸭中学的学生大部分来自高学历、高收入家庭，来自优秀人家、成功人家，为什么孩子那么痛苦，有的甚至全家都是抑郁症，问题在哪里？问题在于父母的人格缺失。这个人有企业家的气质，有董事长的地位，但没有父母的品质。很多好老师、大教授，他的孩子不幸福。有的老师说我们能教好别人的孩子为什么教不好自己的孩子，因为别人的孩子是别人生的，跟你没关系。还有的人是好校长、好老师，但是回到家里在孩子面前还当校长，孩子一辈子没有见到爸爸，他见到的这个人永远是校长，他受不了啊。当董事长的母亲，回到家里还是董事长，那么你的孩子永远没有温柔的妈妈，只有严厉的董事长，他受不了。受不了怎么办？离家出走。

家庭教育最重要的是家庭的功能和父母的人格，但是很多家庭的功能和父母的人格是缺失的。不管你的家庭如何有钱，家庭功能都有可能是缺失的。我们这些做父母的不管如何优秀、学历如何高、事业如何成功，当做不好父母的时候，人格是缺失的。现在很多人，做家长做得很好，但做父母做得很差。做家长，要听学校的话；做父母，要听孩子的话。家长，是学校班主任的"秘书"；父母，是保护孩子的人。比如我，把自己封为"问题孩子他爹"。因为很多问题孩子是因为家里没有父亲这个角色，所以我要做他的爹，就是这个意思。

人是关系动物，社会是关系的产物。好的关系才是好的教育。人是在关系中存在的。教育应该是从关系开始，向关系出发，到关系结束。我讲的完整的人格，就是一个人会处理各种关系，会处理和自己、和社会、和他人、和自然的关系。这样，他的人格就是完整的。

有这样的一家三口，父母都是我的学生——丑小鸭中学的学生。他们在我的学校就开始谈恋爱，七年前毕业了，后来结婚了。这个女孩刚到丑小鸭的时候，她自己都不知道在哪里上学。因为她去过七所学校，但一所都没有读成，整天在街上游荡。她毕业后有一天问我："你知道我什么时候开始听话的吗？"我说不知道。她说："有一天我在校园里吃苹果，一个苹果被我啃掉了一大半，这时你在我面前经过，我问詹校你吃苹果吗？你说吃。我随手把啃了一半的苹果递给你，没想到你两口就啃掉了。那一分钟，我就认为你是我爸爸，只有爸爸才会这样做。"这姑娘两岁时爸爸出车祸去世了。其实当时我也没想到要做爸爸，当一个孩子那么善良请你吃苹果，我想都没想就啃掉了。这一件很小的事情彻底改变了我，也改变了她，这就是关系。关系一旦建立，教育才会真正发生。所以，如果你跟你的孩子关系不好，你的孩子不听话，先不要解决"不听话"的问题，先要解决关系的问题。

我每天都会遇到家长提这些问题——孩子学习不好，孩子不做作业，孩子抄袭作业，孩子不想上学……所有的问题，不是"学习问题"，而是"关系问题"。学习不好，有三个原因：第一，是和老师关系不好。第二，无法跟学科建立关系。他自己不具备学这个学科的功能，功能缺失。这样的情况下不要去补课，补课很累。第三，和周围的同学关系不好。所以，补课是没有用的。培训机构肯定要说补课有用。你把数学补好了，可能会提高几分，但是损失可能更大，首先其他学科的成绩可能会降下来，其次他的身体素质可能会降下来。我的几个孩子从来都不补课。我反对这种治标不治本的方法。教育首先是建构关系。"建构"不是"建立"。建构是什么呢？就像小孩子玩积木，可以推倒重来。关系是什么呢？是满足需求。你跟客户做生意，要满足客户的需求。很简单，关系里的需求是生命需求。比如谈恋爱就是生命需求。我不知道看了多少孩子谈恋爱，我从没阻止过，因为阻止是没有用的，他会恨你，让他谈也不行，怎么办？所以生命需求的满足至少有四种方式：一是被觉察；二是被关注；三是被理解；四是被满足。青春期的孩子谈恋爱，不是品德问题，也不是故意违反纪律，是生理发育、情感发育必然导致的结果，不是问题，要"看见"，要理解他。你也不要说谈恋爱影响学习。你如果这样跟孩子说，会有两种结果，一是他不想学习了，二是如果他真的感觉到谈恋爱影响学习，那很麻烦，以后长大了就不敢谈恋爱，害怕爱情。初中的时候他不谈恋爱你很高兴，高中的时候不谈恋爱你很高兴，大学的时候不谈恋爱你很高兴，大学毕业了不谈恋爱你会急死的。一个人不论学历多高、不管赚多少钱，如果没有尝过爱情的滋味，你赚钱干什么？门当户对的恋爱不是谈恋爱，是结婚的前期准备。当一个人的生命需求被觉察、被关注、被理解、被满足的时候,他跟你关系一定非常好。

但现在很多家长不是这样做的,而是希望"消灭"问题。现在孩子谈恋爱,我们希望孩子不谈恋爱;现在孩子成绩不好,我们希望孩子成绩好;现在孩子跟你关系不好,我们就希望孩子跟你关系好。但是不谈恋爱就"消灭"问题了吗?成绩好就"消灭"问题了吗?关系好就"消灭"问题了吗?我们很多家长希望快速"消灭"问题,而不是解决问题。解决问题是一种思考的过程,是找到办法或者在找办法的路上。

现在很多学校是择优录取,大家习惯了,老师觉得对,校长觉得对,家长也不敢反对。为什么择优录取?目的就是"消灭"问题,把成绩不好的孩子"消灭"掉。这不叫教育,这是教学。择优录取是为了教学,可以理解,也很有用。

遇到这些问题,怎么解决?通过"对话"来解决。对话,跟"谈话"、跟"沟通"、跟"做工作"是不一样的。很多问题,通过对话基本可以解决。对话不是我发明的,是苏格拉底发明的。对话的核心是平等、倾听、妥协,目的是延续关系,不是解决问题。而问题不是靠一次谈话就

可以解决的。对话不是谈话，不是说教，不是做工作，不是讲道理。很多孩子为什么不愿意跟爸爸妈妈沟通？因为他知道你要讲什么，他也知道他自己肯定是不会赢的。他采取的方式有两种，一是不理你，二是说"是的是的"。他说"是的"，意思是你的目的达到了，可以走了。我当了40多年校长，从来没有让学生写过检讨，也从来不让学生认错，我把我的话讲完，问他有没有要讲的，如果他说没有那就可以走了。留下空白，让他思考。

游戏分两种：一种是有限游戏，目的是"玩胜负"；一种是无限游戏，目的是"玩下去"。教育不要分胜负，分胜负别人就不愿意跟你玩了,而要"玩下去",只有这样,下一次才有机会。教育是多给生命一条路,一条可以"玩下去"的路。玩感情、玩关系,把它玩下去的时候你就很幸福,玩下去的过程就很幸福。

现在说"立场"。谁的立场?孩子的立场。孩子的行为都是为了"解决问题"。孩子不想上学,你不要急着让他上学,一定要搞清楚孩子为什么不想上学。孩子不想上学,都是为了解决在学校被歧视、受约束等问题,所以他不想去。那你要帮他解决什么问题呢?你要帮着让他舒服、自由、站得起、没有恐惧,他就肯上学了。说教是没有用的,你跟他说"你不上学怎么办呢?以后吃什么?"这些话他是听不进去的,都是废话。

这是我们学校教室的一楼,有钢琴、书、触摸屏。孩子都喜欢玩,这些地方为什么不能玩呢?我的很多老师曾经反对,说这里太吵了。我说不要怕,孩子吵是好事情。孩子在这里吵,说明他们喜欢这个地方,喜欢就会守规则。规则不是说出来的。就好像员工不是老板养活的,是企业养活的,企业才是老板养活的。学生不是校长教出来的,是学校教出来的,学校是校长的作品。布置这样一个教育场,这就是学校,教育在这里发生,这才是真正的学校。

有一位家长给我发信息:"詹校,我们是浙江杭州萧山区的,孩子中考前三个月就不去学校了,要直接参加中考,结果考了普通高中,他自己的目标是重点高中。高中读了一个多月,"十一"以后第二周就开始不去学校了。上周去了一周,这周又没去。头一天在家看书,后来哄我们第二天给了手机就回去上学,结果手机拿上也没去,现在就把自己关房间看手机、玩游戏、刷视频,不想去学校了。晚上一两点睡觉,第二天上午到十点左右才起床,傍晚又会睡一会儿,现在也算辍学在家,他说想休学……"

如果这是你的孩子你怎么办？解决什么问题？怎么解决问题？要了解他在学校里遇到了什么不愉快的事情，他为什么怕去学校，解决了这些问题，才能解决上学的问题。一个孩子成绩很不好，他不愿意去学校，让他玩手机，如果不给他玩，生命就可能不存在了。为什么？因为人是关系的动物。一个人的现实关系被破坏的时候，他一定会建立网络关系，这是他生命的需要。如果让他不玩手机，就要重新建立现实中的关系，收手机、砸手机、断网都是没有用的，是会出事的。生命不只是科学，教育也不只是科学。探寻生命真相，满足生命需求，这是我们教育者的信仰。成长是生命的本质。生长有很多方向，不是只有一个方向。先有生长，才可能有成功。所以，你痛苦的时候，也许就是与孩子一起成长的时候。

倾听生命的声音

——关于教育的"21点思考"

---

1. 建立关系而不是建立制度。

关系,生成制度。制度,维护关系。关系好了,制度才会好。

2. 自主管理而不是被管教。

每个孩子都有设计管理的天赋,参与管理的意愿。为什么不把管理交给孩子呢?

3. 无限游戏而不是有限游戏。

学习,本来是无限游戏,被我们玩成了有限游戏,上大学标志着"胜负"已决出,很多人再也不爱学习。

4. 孩子立场而不是成人立场。

为什么"减负"提了几十年,如今却变成了"双减"?"双减"的提出从侧面说明之前的"减负"是越减越重的。

现在的教育基本是为成年人的利益设计的。立场错了，结果肯定不会好。

5. 扬长避短而不是取长补短。

生命独一无二，不可复制。有长有短才是生命的必然，也是生命的美好。扬长避短，有利于个体生命的自然绽放。强调取长补短，会抹杀个性并且让人自卑。

6. 解决问题而不是"消灭"问题。

孩子早恋，你极力阻拦；孩子成绩不好，你想让他突然好起来……这是"消灭"问题，不是解决问题。我所说的解决问题是指接纳问题、尊重问题、分析问题、探究问题、思考问题……走在"解决"的路上。有些问题是不能解决的，生命本来就是一个奇迹，连问题的根源都不清楚，怎么可能有解决问题的方案呢？

7. 保护尊严而不是追究对错。

A偷了B的衣服，A不承认，但监控有显示。要处理吗？要。但前提是同时维护A和B的尊严。所有的教育行为，都要把维护孩子的尊严作为立足点。没有尊严，教育就不会真实、有效，也不会持久。

8. 学习而不是教学。

"教"和"学"是两个概念，这两个概念没有必然的联系。"教学"中，"教"和"学"都是被动的，但学习一定是主动的。不爱学习的孩子其实是不爱教学。

9. 作品而不是作业。

作品是一种创造。真正的快乐和自由只有在创造中才能获得。作业是为完成生产、学习等任务而布置的活动。

10. 个体而不是群体。

群体,是最容易制造气氛的。鸡血高手特别擅长制造群体的快乐。而个体的孤独、痛苦往往会被这种群体的快乐所掩盖。教学,可以面对群体。而教育,往往是面对个体。关注个体,才是关注生命。

11. 成长而不是成功。

教育,指向孩子的成长,而不是成年人的成功。往往我们以成年人在教育中获得利益的大小来判断教育的成功与否。成长,是生命存在的方式。

12. 方向而不是目标。

成长,只有方向,没有目标。设定目标的成长本身就是对生命的误解。

13. 完整而不是优秀。

优秀的人不一定成功,成功的人不一定幸福。幸福,属于完整的人。教育,是发展完整的人格。

14. 快乐而不是快感。

快感,是短暂的;快乐,是持久的。击败对手,成为人上人,"土猪拱白菜"等都只能获得快感而不是快乐。

15. 对话而不是谈话。

对话,是平等的倾听,是关系的延续。谈话,可能预设了目标和场景,甚至可能会高高在上。

16. 表达而不是表演。

表达是主体的一种自然的流露。表演则预设了效果。

17. 参与而不是参加。

参与,是主体资格的体现,关乎"我"的价值。而参加,只关乎"他"的利益,"我"则是可有可无的。

18. 歌唱而不是唱歌。

歌唱,是一种生命力量,是一种生命情感。唱歌,是一种专业技巧。

19. 规则而不是规矩。

规则,守护人。规矩,限制人。规则,是生成的。规矩,可以是写出来的。

20. 择"性"而不是择优。

"性",是个性,是特点,是潜能。发展人的教育应该择"性"而教,而不是择优而教。

21. 我是孩子王不是统治者。

老师的本质,是学生,是学生领袖,而不是统治学生的人。

教育是满足生命的需求

  丑小鸭中学,这个学校的名字是昆明市的政协副主席取的。她取了这个名字我感觉很兴奋。我说这个名字太好了,但是这个名字除了我和她喜欢以外所有人都反对。有人反问我:"学校起这么个名字怎么招生?"

  学校是我办的,我是办学者又是校长又是老师。十余年来,我们帮助三千多个所谓的"问题孩子"回归到了正常的生命状态。"问题孩子"的概念在我们心里面一般都是不读书的、不到学校去的、玩手机上瘾的、早恋的、学习成绩差的、打架的、破坏学校纪律的、家长管不了的、学校不敢管的、社会上不好管的这些孩子。

  其实办这样的学校没有什么稀奇的,很简单:第一,保持正常的心态和正常的眼光就可以了。第二,不要急。当我最初办丑小鸭中学的时候,只有七八个学生,现在也只有七八十个。有人说应该扩大规模。一般说到学校,都是占地面积多少、建筑面积多少、投资多少亿、多少学生考上清华和北大、获得过什么奖励。我这里都没有,为什么呢?这些我搞不了,我觉得人家急,我不急,干成什么样子顺其自然。

我的学生不像一般学校的学生,一开学就全部来报到了,一放假全部都走了。我们开学没有人报到,甚至开学第一个月都没有人来报到,因为他在别的学校读得好好的,到你这里来干什么?

我这里一般是开学一个月、两个月之后,特别是期中考试之后,学生今天一个明天一个就来了,一般白天不怎么来,晚上来得比较多,因为白天你找不到他,到晚上都是下半夜比较好找,上半夜也不好找。

但是这些孩子没有问题,我办了十多年的"问题孩子"学校,我认为真正有问题的孩子只有百分之几,很少很少。我经常讲我们这里的孩子有"三高":个子高、情商高、智商高,现在有些孩子已经上大学、读研究生,甚至有些已经成家立业,走上了工作岗位。

有人问过我一句话:大年,你们学校的成功率是多少?我说,如果一定要以升学率来代表成功率的话,成功率不高，如果要以孩子能正确地认知自己的价值，能回归正常的生命状态，成功率是100%。

大家看这个孩子，他在我的学校上了两年，这是他初三的时候我抓拍的照片，肩上扛着一个沉甸甸的纸箱，背着一个长毛毯，手上拿着吉他，一脸的坚强。我和他妈妈说，如果哪个姑娘嫁给你的孩子太幸福了，这个孩子上高中后在全年级6700名学生中排27名，是不是很优秀？

还有一张照片是李镇西老师拍的，是两个孩子搀扶着走向教学楼的照片。李老师为什么拍他们？李老师到我的学校去参观，刚好这两个孩子在操场上穿梭，一个孩子脚受伤了，另一个赶紧上去搀扶他。李老师说："大年，我想找这两个孩子聊聊。"我上前和这两个孩子说："孩子，李老师说想找你们聊聊。"这两个孩子怎么回答的呢？他说："好，校长，再等20分钟，让我先把玻璃擦了再说。"他不认校长，只认玻璃，他知道自己现在应该干什么。当时李老师很感动，他说："大年，如果在别的学校，校长叫他，他马上就跟着你跑了，还可以不干活，但是你的学生不一样。"

我们的学生来自全国各地,现在的70多个学生来自19个省市。我们的学校里面到处都是书,走廊里、教室里、卫生间、寝室里,这些书都是学校的,但不用借,想看就拿回去,放在哪里都可以。他们把从小河里捞出来的石头做成笔筒的样子,他们的寝室五花八门,有森林主题、海洋主题、鲜花主题、梦幻主题、星空主题,什么都有。

前两天我又拍了一张照片——寝室的一角,有镜子、绿植,床上有一幅画,上面有一句话:如果上天给我一次再来的机会,我会对那个女孩说……他没说,因为他也不知道说什么,这样的画在寝室里面,大家是支持还是批评呢?如果是很敏感的老师会马上让他擦掉,什么乱七八糟的东西。我没有问他是不是正在谈恋爱,但是我觉得很美好,为什么呢?一个男孩对一个女孩有好感,这是多美好的事情。

我的学生参加县里举办的第27届艺术节,他们获得了一等奖,那天我发了一个朋友圈,我说你们这些家伙出去就给我"闯祸",你们专门"拉仇恨",年年获得一等奖,让人家一点希望都没有。我的学生参加这些比赛年年获得一等奖,甚至有些校长和我说:"詹校,你明年不要来了,一等奖让我拿一次。"

杨东平老师和我们学校的这些孩子交流以后讲了这样一句话：好的学校是一锅老汤，老汤是什么汤？什么菜丢下去都会变成老汤的味道。老汤是什么？是氛围，是关系。没有这个氛围不是老汤。

社会是关系的产物，有好的关系才有好的教育，而有好的设计才会有好的关系，关系来自设计。

人是关系的动物。人和其他动物不一样，因为人有社会关系，有很多家长、校长、老师问我："詹校长，孩子喜欢玩手机怎么办？"大家也看到，有些地方用关禁闭的手段把手机给"戒"了，能不能戒？肯定能戒，但是我告诉你，这样把手机戒了，孩子也傻了。

为什么？因为人是关系的动物，手机的关系是一种网络关系，人为什么会喜欢手机？很简单，因为现实中人与人之间的关系开始解体，所以手机关系才会建立。

所以，要让孩子不玩手机很简单，当他重新建立现实生活中人与人之间的关系的时候，人与手机的关系自然会解体。

我个人认为，校长不一定是制度的设计者，校长也不一定是管理者，我甚至认为好的校长绝对不是管理者，好的校长，是师生的精神领袖。那么谁是管理者？副校长是管理者，校长干什么呢？校长不是制度的设计者，但是可以制定一种让师生去制定制度的机制，也可以让别人制定制度，校长制定机制。

很多网友问我，学生寝室管理得那么好，我想学学，请把你的制度发给我。我说很可惜，我从来没有寝室管理制度，学校没有这样的制度，但是每个寝室他们自己有，每个寝室的制度都不一样，制度是学生们制定的。

制定者的出发点是什么呢？你为什么要制定？你凭什么制定？制定的出发点是满足什么需求？有三个定语，生命的、个体的、本来的需求，特别是本来的需求，其实每个人都很清楚自己本来的需求是什么，但很多人喜欢伪装，把自己的需求掩盖起来，不愿意把自己生命的本来需求表达或者展示出来。

很多学校的标语是"为了一切学生""一切为了学生"，但一切往往会掩盖个体，教育不只是为了一切学生，是为了"这一个孩子"此时此刻的需求，但很多时候我们看不到这个孩子此刻的需求。

学校来了一个很漂亮的小姑娘，15岁，单亲妈妈的孩子。因为她早恋，妈妈没有办法，偷偷地把她送到我们学校。第三天我遇到这个女孩，她交给我一封信，这封信应该写了两天了,打开一看,把我骂得一塌糊涂。

有些人觉得校长的人格尊严被她侮辱了,我想想没有什么,我本来就做得不对,人家15岁的小姑娘,正感觉爱情很甜蜜的时候却被拆散了,此时此刻,她心里肯定很愤怒,她仅仅是为了表达她内心非常痛苦,她要挑战学校的权威,发泄自己的不满。

我知道这个姑娘此时此刻的需求只有一点:表达痛苦,她不是为了侮辱我,所以我很客气地对她笑笑,意思是信我收到了。此后连续一个多月,我都有意无意地走到她身边看看,她应该是等着我哪一天怎么处理她,但是这一天一直没有等到。

大概过了一个多月,她和我说:"校长,我错了。"我说:"你没有错,你真的很聪明,我要表扬你,为什么呢?你以最低的成本获得了最大的效益,你骂骂我,对我很好,对你也很好,大家都好了。"

她说:"校长,我还是错了。"我说:"你真的厉害,我还要感谢你,因为你骂我是没事的,你的校长很善良,你在原来的学校敢骂校长吗?"她说:"不敢。"我说那为什么敢骂我?她笑了,让我把信还给她。我说:"不能,这是我的信,不还了。"

这张照片拍得很有意思。下课时我在教室的时候别人拍的，我很喜欢，几个孩子看着我一脸的崇拜。这个学生学习成绩差，我偶尔会到教室里面去看看，陪陪她。她说这个题目她不会做，让我帮她看看，我拿过来一看说我也不会，因为是英语，我一个字母都不认识，但是我说找我找对了，因为我可以帮她找老师。

我还带他们玩，我是射击队的教练，我们学校的课程多，游泳、射箭、滑板、散打、拳击都有，全部是攻击性项目，很多家长和老师反对，他们说詹校长，这些孩子本来就爱打架,你还教打架的技术给他们?我说这是两码事,教不教是我的事,打不打是他的事。

孩子只有犯了错,不断思考,才会长进。我们学校的男孩和女孩都懂这些项目,学校打架出事故很少很少,偶尔会打,男孩如果不学散打、拳击等项目,到社会上他没有力量保护自己。

我认为,把孩子养亲了教育才可能发生。遇到问题不能解决的时候,有一个办法,先把孩子养亲,养亲是需要时间的,等到他离不开你的时候,什么事都好说。如果你想批评孩子很简单,起码花三天时间,第一天表扬他一次,第二天继续表扬他一次,让他屁颠屁颠跟着你的时候,第三天你可以批评他。

我们学校有个孩子在厕所里面抽烟,其实这个很正常,但是我知道了就要批评。我一上来也是表扬他,我说:"听说你躲在厕所抽烟?"他站着就不动了,我说:"你站着不动干什么,躲在厕所里面抽烟的方式是对的,因为你不敢抽,因为你知道不能抽,所以躲在厕所里面抽烟。但是我说抽烟是错的,你刚刚在厕所里抽烟多可怜。"他说他以后不会抽了,我说抽不抽是他的事,讲不讲是我的事。其实这一次批评,我的目的不是要他改正,目的是和他建立关系，建立让他依恋我的关系。

我们学校把政教处改成了心理部，心理部就是一个游乐场。学生说："詹校长，原来我们学校的政教处都不敢去，因为去政教处有去公安局的感觉。"确实，我看到有些学校的政教处，孩子们是笑着进去哭着出来，而我们学校的心理部，孩子们是哭着进去笑着出来。

孩子们笑着出来才好，至于他承不承认错误没有关系，很多人批评孩子会死死盯在他承不承认错误、写不写检讨、改不改正上面。其实，我们成年人很多时候一辈子都在犯错，但是做的好事更多。

我们还把教务处变成学习部，把后勤处变成生活部。后勤觉得是死板教条、冷冰冰的，生活给人的感觉是美滋滋的，不一样，生活是可以参与的。

我们把教学变成学习。教和学是两个概念，随着互联网的信息量不断扩大，教什么不重要，老师们不要把自己看得太重要，学才重要，并且教和学的概念不一样，学习现在慢慢变成了获取，知识随时可以获取。

我们把作业变成作品。作业和作品是两个概念，作业给人的感觉又多、又重复、又枯燥、又累、又无奈，作品给人的感觉是自己的，不一样，当然把作业变成作品，确实需要老师下功夫。

我们把管理变成治理。这是两个概念，很多人喜欢管人，治理是你帮我，我帮你。有一位老师说了一句话，事事有人干，人人有事干。我们的寝室就是治理的结果，而我从来不去查寝室，如果到寝室里面去我会和孩子们说："孩子，我要到你们寝室里面去参观一下，行吗？"孩子们很开心，校长来参观就不一样，参观和检查不一样。

我们在教室的墙上贴着这样的东西，叫作：校长任何时候都会帮助你。我的电话、QQ号、微信都在上面。学生们的作业本上，封面上写的都是：校长任何时候都会帮助你。而我的很多孩子也都是我的网友。在我们学校每个教室里面有一个大屏，孩子们可以拿自己的平板电脑上课，每个星期都有一个晚上他们可以自由上网。

我当时让孩子们自由上网的时候，很多老师和家长反对，他们说这个不行，孩子们本来就有网瘾，我说网瘾和上网是两码事。我和孩子们说："让你们上网有什么好处和害处我都知道，但是你们干吧！"我的孩子们利用上网的时间还编了一本书，这本书网络上有，但是是盗版，叫作《丑小鸭校长与白天鹅孩子》，他们花了七个月时间，这本书我现在还没有看过，上面有一些错误，很粗糙，但是是初中生编的书，该粗糙的一定会粗糙，没有关系。

我下面讨论的是"问题孩子"的教育背景，他们来自"三高"家庭——高学历、高收入、高地位，他们可能来自名校，或者是"三高家庭+名校"。

"三高"家庭不是我们理想的奋斗目标吗？现在很多年轻的家长都希望有钱、有房子、有地位，想把孩子送进名校。我们学校十多年三千多个这样的孩子，90%的来自"三高"家庭，问题在哪里呢？

什么是家庭？房子、车子、男人、女人、孩子加起来是家庭吗？不是，但是它有家庭的元素和结构，那么家庭的功能具备吗？每一个人需要的家庭要求是不相同的。

什么是学校？校园、宿舍、教室、操场、校长、老师加上很多的东西就等于学校吗？它不等于，它只有学校的元素，就像一瓶水，它的功能就是解渴，但是它的结构呢？元素呢？氢、氧能解渴吗？"氢+氧"如果不是水的时候，它还是不能解渴。

现在很多学校挂一个名校牌子就是名校了，于是很多家长就想办法要把孩子送进去，因为他要的是名校，那么名校的根本是什么？对于孩子来说，如果不适应孩子的生命需求，这个家庭、这个学校其实根本不存在。孤单的孩子90%以上来自"三高"家庭，但是这个家庭只有家庭的结构，没有家庭的功能。孩子所需要的家庭是缺位的，也就是说他心无所依。

通常，我们认为孩子的问题是学习问题，但是我所见到的所有孩子的问题不是学习问题，是关系问题，关系问题是问题的源头。

举个例子，很多老师和家长问我，孩子学习不好怎么办？大家认为这是问题，问题在哪里呢？就是成绩下降，成绩下降就一定会找方法，是不是补课？但是可以这样说，我没有看到几个补课有效果的，语文补了可能伤害了数学，成绩好了可能伤害了身体，成绩好了可能会伤害关系。

孩子成绩为什么不好？原因是关系有问题，身体问题、关系问题、兴趣问题、情绪问题、评价问题……你要解决这些问题，一旦解决了，学习就不用家长管了。

学习是孩子的事，有时候我们把学习的概念搞错了。现在很多人认为的学习是行为主义的学习，就是把知识记住，成绩好一点再好一点，这是行为主义的学习，这种学习恰恰是伤害学习的。

为了帮助学生、老师调整情绪，美国一位心理学家写了一本书，叫作《有限游戏与无限游戏》，这本书把人的所有活动分为两种游戏，一种叫作有限游戏，有限游戏的目的是决胜负，比如石头剪刀布，胜负出来了游戏就结束了。还有一种游戏是无限游戏，无限游戏的目的是为了把游戏一直玩下去。两种游戏目标不同。

现在我们思考一个问题，学习是什么游戏？有些老师认为学习是有限游戏，学习的目的就是考试，考试的目的就是为了参加更多的考试，读书的目的是为了上学，上学的目的是为了上更多的学，如果你考试不好，那就认定你失败了。

如果是无限游戏的话就是为了玩下去。那么，批评是有限游戏还是无限游戏？有些老师认为批评是有限游戏，一定要孩子承认错误，一定要分个谁对谁错。有些孩子不认错你不舒服，有些孩子认错你更不舒服。有的时候孩子之所以认错，是为了赶紧逃离"风暴中心"。有些孩子屡教不改，可是我认为孩子屡教不改是对的，因为认知是需要时间的，既然需要时间为什么可以马上改？他改不了，所以我们在批评孩子的时候，一定要注意把批评当成无限游戏，批评的目的是建立和孩子之间的更亲密关系和联系，而不是谁对谁错，至于对和错让他自己去分析和思考。

把游戏玩下去，是把老师为人处世的方法在这个过程中教给他，所以教育就是多给生命一条路。任何时候我们都要想多给生命一条路，一条任何时候都可以玩下去的路。这就是教育，一条关系的路，不在乎谁对谁错。对与错是一种价值的建构，不是灌输的结果。我们有时候喜欢灌输对与错，如果一个孩子马上就承认对和错，这个孩子是没有出息的，或者他是忽悠你。

所以教育是成全孩子、成全自己、成全生命。有时候你很困惑，就要想想到底有没有成全他，所谓的成全是成全一种关系的技术。

教育是建构关系，关系是满足需求。很简单，老师就是干这个的——让孩子建构自己的学习、知识、关系、价值。

怎么建构很简单,孩子自己会建构,老师给他两样东西,一个是时间,另外一个是对与错的机会。就像孩子玩积木,玩积木就是不断地建构,同理学习是建构的、知识是建构的、关系是建构的、价值也是建构的,而不是灌输的。

我们想想,成年人的价值就是建构的。所以学习之始、教育之终在于建立信任关系、需求关系、平等关系。

人的需求是五个层次的,由低到高,最高层次是价值。当一个孩子没有安全感的时候是不可能有价值需求的,一个孩子他不敢和你说话,你还告诉他让他一定要有志向,一定要有远大理想,可能吗?

有些人说詹校长,你们学校那些孩子那么不听话,你是怎么管理的?各位,管理不是管下来,管理是建立关系,激发善良,传递善良,遇见美好。丑小鸭中学很小,只有几十个人,很多人问我丑小鸭中学的成功有什么秘诀,我说没有秘诀。我和大家不同的是,第一点,我有一颗平常心,只要这个事情我认为是我的责任,我就敢做;第二点,我不急,学校办了十多年学生都是几十个人,我不怕别人笑话我。

一个可爱的老师应该懂爱、懂美、懂需求。人是为了爱与美来的,人要生活在爱与美里面。有些学校要求孩子头发样式一定要统一,但是孩子现在的头发样式肯定是其自认为最美的,没有谁把最难看的东西放在自己的身上,他懂美是对的,但是审美角度可能不同,那么老师与校长提高他的审美能力才是正途。

学校的品格应是有趣、有用、有规则。规则和规矩不一样,有些学校是把规则变成规矩,而且规矩又是错的。我查过很多学校的纪律条款,我认为有些条款完全是不适合学生的。

教育的价值是满足生命个体的发展需求,我认为教育不是取长补短,而是扬长避短,教育是"放开"生命的空间,不是拓展是放开,它本来就有,它本来就需要,所以教育是放开生命本来就有、本来就需要的空间。探寻生命的真相,满足生命的需求,这是教育者的信仰。

在好老师眼里,没有优生也没有差生,只有学生。相信种子,相信时间,它们会告诉我们教育的意义是什么。

学校不是学知识的地方

"学校不是学知识的地方",这句话有点绝对了,但现代互联网颠覆了固有的学习概念。互联网的出现,让学知识确实不必要在学校里进行了。

把人社会化是互联网时代学校存在的意义。

多元、共生,是人的社会化核心。

人是关系的动物,社会是关系的产物。社会化是人固有的需求。但应试教育让学校变得工具化、功利化,特别是应试教育把人阶层化,阻止了人的社会化需求。从这一点来说,实行应试教育的学校是一种反人性的存在。

青春期,对关系的需求不一样

进入青春期,人的生理、心理需求发生变化,主要表现在主体意识的突显。这也就要求他身边的关系(特别是亲子关系、师生关系、同伴关系）随之变化。当他所需求的新的关系尚未建立，他就会试着去建立这种关系，但感性的他或许不具备这种能力，或者被阻挠，或者得不到帮助。这时，他就会表现出逆反、焦虑、逃避，或者格格不入。渐渐地，孩子就会变成"问题孩子"。

关系是沟通出来的

沟通是达成共同的价值取向，而不是"讲道理"。孩子认为，道理已经在你手上了，你是在直接宣布道理，根本不给"讲"的机会。

沟通，是倾听。态度中立，情感尊重，才是倾听。沟通，是妥协。尊重对方底线，守住自己的底线，才是妥协。

关系是生成的。真实，忠诚，等待，自然而然。

信任关系，是一切关系的基础

开学的各种事情都是很好的"关系课程"，都可以变成孩子"自己的事"。让孩子亲自做，对也好，错也好，最后收获的都是满满的信任。

信任了，一切都会好。

没有谁让你"跪着教书"

最近,老看到"跪着教书"这几个字,我不禁悲从中来。"跪着",能教书吗?

中学校长是不好当的:上级向你要升学率,老师向你要工资。至于家长,很多也是跪着当家长的,少数家长也很无理,你可以不管,因为他们决定不了你当不当校长。

二十多年前,我就是这样的中学校长。每年中考前,要千方百计"赶"差生,我下不了手;如果不"赶"走差生,升学率、高分率提不上来,老师要挨批,我心里难受。

但我学校的老师特别拼,他们在不使劲"赶"差生的情况下,学生的考分仍然很高,他们付出得更多。我心里更难受——觉得没有能力多帮他们一些。

别的学校的老师有提成,我却怎么也帮不到我们的老师。当时,学校福利主要是从学生住宿费、伙食费中提留的。我学校的学生住校吃饭的不多。有高手给我出了点子:"每天提早一个小时上课,推迟一个小时放学,这样学生早上赶不来,晚上回不去,还可以增加学习时间。这不是两全其美吗?"我想:这不是缺德吗?

所以我离开了。当时,我不觉得体制有什么问题,也不觉得学校有什么问题。我只是觉得我有问题。不适应,就离开。只要能离开,一切都不重要。

那是2000年的冬天,我结束了在公办学校工作二十年的生涯,离开了由我创办并当了十三年校长的学校。

从决定到离开,我只用了一天半的时间。我没有想过我是不是会受到处分,我也没有想过我还能不能保留公职。我只想教书,想要那种很洒脱的感觉——拿自己当教本。

我怀着要改变昆明教育的雄心壮志去昆明办学。后来,我没有改变昆明教育,却让昆明教育改变了我。

2011年,我发现很多孩子被边缘化,他们几乎无法得到正常的学校教育。于是我放弃了一所普通的九年制民办学校,专门来帮助这些被边缘化的孩子,创办了昆明丑小鸭中学。

我对家长们说:"丑小鸭中学能办到哪一天,我不知道。但最后那一天,如果你相信我,我会带好最后一个孩子,把他教好再还给你。"

我是为孩子而生的,我只感觉这样做我才舒服。教书是我自己的事。就算别人不把我当回事,我也要把自己当回事。谁叫我跪着教书?谁能让我跪着教书?为了生命的尊严,我不可能选择跪着。

"教师也是人"
——教师应该是什么样的人?

"教师也是人!"——很多人这样说。

教师,应该是一个智慧、善良、真实的人。否则,他就算不得一个真正的教师。

知识是专用的,智慧是通用的;能力是专用的,善良是通用的;忠诚是专用的,真实是通用的。

智慧的教师不依赖于任何教材,因为他本身就是一所大学。大数据时代,任何人都可以通过互联网随时随地、平等自由地获取知识。教师的未来角色将与教书无关。

梦想是用来追求的,不一定是用来实现的。智慧的教师会用自己的一生去追求梦想,也会让他的孩子们永远在对梦想的追求中享受幸福。

善良的教师会敬天爱人,会平等地善待每一个孩子。

他不会把善良挂在嘴边，但他会把善良藏在眼神里，让他的孩子们永远依恋这种眼神。

善良的教师会让他的学生有信仰、有慈悲心、有敬畏心、有同理心。

真实的教师不一定迷恋科学，但一定追求真理；他不一定要求孩子们做什么，但一定知道孩子们需要什么；他不一定会让孩子赢在起跑线上，但一定会让孩子们在原点上起跑。

真实的教师，可能会教给孩子们错的东西，但一定会给孩子们更多对的机会。

在真实的教师眼里，每一个孩子都是可爱的天使，他会无条件地信任每一个孩子，他会让孩子们因为他的真实而自主学习、自由表达、自然生长。

丑小鸭中学神奇，
但"神奇"不是"神"和"奇"

——

"你们不要相信丑小鸭中学，更不要相信丑小鸭中学是万能的。丑小鸭中学这样的教育模式没有可以借鉴的经验，丑小鸭中学面对的学生群体、家长群体是比较复杂的。丑小鸭中学的管理方式也要突破普通初中的一些管理规范，甚至需要揭开伤疤疗伤，或许还会触碰到一些人的利益底线。老师们需要莫大的勇气去摸索。风险，伴随着丑小鸭中学的每时每刻。或许哪一天，丑小鸭中学就突然消失了。但是，我们不遗憾。因为我们所做的教育实践是人性需要的，是孩子需要的……"——在任何一次家长培训班上，面对家长我会说同样的话。

昆明丑小鸭中学2011年办学以来，帮助三千多名不适应传统教育的孩子回到正常的学习生活状态。有人说，丑小鸭中学是个奇迹。我说,奇迹并不一定在每个孩子身上发生。因为,神奇不是"神"和"奇"。

这两年,《中国青年报》《新京报》、中国新闻网、腾讯新闻、云南电视台等数十家媒体,以及很多的自媒体记者来丑小鸭中学采访报道。他们一住就是十余天,有的甚至几个月。我对他们说:"你们想去的地方都可以去,想采访的人都可以采访,想拍的角落都可以拍。"有一位在丑小鸭中学连续采访了九天的记者对我说:"詹校,您是我见到的最坦然的采访对象。"我说:"我坦然,并不是因为丑小鸭中学有多好,而是希望读者能够反思今天的教育,看到丑小鸭中学给出的另一条路。如果因为你们真实的报道让丑小鸭中学垮了,我也觉得非常值!——我办这所学校的目的就是要消灭这所学校。"这几年,也有一些办学者希望"复制"丑小鸭中学,我告诉他们:"丑小鸭中学没有什么可以复制的,也不可以复制。"这几年,也有一些投资者和捐助者找到我。我说:"我非常需要钱,但我又特别特别害怕被钱绑架。我想清清静静办学。哪怕丑小鸭中学小、穷,但至少现在是一所安安静静的学校。"

"非常规"的丑小鸭中学在"常规管理"中可能漏洞百出

"常规管理"是以"常规的人"为视角设计的。丑小鸭中学帮助的是一些被边缘化的孩子,这就注定"常规管理"的很多条条框框不适合他们。如果一定要按照其他学校的常规管理来评价丑小鸭中学的管理,那丑小鸭中学可能就是"漏洞百出"了。比如说,课程设置、师资配置、开学与放假时间等,这些在丑小鸭中学可能会与众不同。丑小鸭中学这样的学校的存活,一要靠领导的慈悲心,二要靠老师的责任心,三要靠家长的包容心。

那些抑郁的孩子会有多种可能

《中国国民心理健康发展报告（2019—2020）》显示，中小学生抑郁的检出率是24.6%，重度抑郁检出率为7.4%。杨老师是云南第一批心理高级教师，他说："严格地说，几乎所有'问题学生'都患有抑郁症。"目前，丑小鸭中学很多孩子（比例非常高）被诊断为患有中度或者重度抑郁症，并且药物治疗无效。但是，近几年来绝大多数孩子在丑小鸭中学被治愈。全国一些知名医疗专家在看到这一可喜的情况后，指出"药物治疗+教育"是治疗青少年抑郁症的最佳方案。据医学专家分析，抑郁症与教育环境特别是家庭环境有重大关系。也就是说，如果家庭的教育环境不改变，家庭的能量不增加，"问题孩子"回到家庭以后极有可能出现"反弹"。医学资料显示，这种"复发率"达到46%，并且高危险性和间断性是抑郁症的重要特征。刚刚开始办学的那几年，对送到学校的患有抑郁症的孩子，我每次都犹豫"收"与"不收"。但后来几年，随着抑郁症的孩子越来越多，我竟然渐渐地摸索出了一套治愈抑郁症的方法。阳光、运动、群体活动等竟然被专家们认定为最好的疗法。在丑小鸭中学，孩子的"问题"得到了很好的解决，但因为一些家长抵触、怀疑或者不愿学习，学校的确无能为力。"问题孩子"的问题,基本不是他们本身的问题,而是教育设计、教育环境带来的。一些教育者却无法认识到这些。他们只希望学校可以替他们改变孩子,或者从学校得到一些立竿见影的改变孩子的方法。我一直认为,教学有方法,但教育只有"做法"。

丑小鸭中学的孩子们在寝室过生日

我们对生命的真相知之甚少

生命是个奇迹。人类对自身的生命真相知之甚少。生命真相是未知的,又是可知的。人类的努力围绕满足自身的生命需求而展开。教育,是不可能什么都有预案的,更不是万能的,否则那是迷信和无知。"我唯一知道的就是我一无所知",这是先哲苏格拉底的话。因此,教育有太多的不确定性,也就包括了教育的失败。有时候,孩子"不爱学习"了,连他自己都不知道为什么会"不爱学习"了,而我们却偏要跟他"找原因"。孩子到了青春期,爱情就悄悄地来了,这其实是个生命问题,但我们偏要说是他的问题……孩子的很多"问题",根本就不是他本身的问题,或许是生物学问题,或许是心理学问题,或许是教育学问题,或许是社会学问题……而这些问题,很可能是未知的。我突发奇想,希望有一个社会机构可以把医学界、心理学界、教育学界研究青少年抑郁问题的人才组织到一起,形成一

股有效的力量防治青少年抑郁症。因为，目前单纯的医学界、单纯的心理学界、单纯的教育学界对青少年抑郁症的疗效是非常有限的。其实，青少年的抑郁并不可怕，可怕的是我们对这些问题的无知、恐惧与麻木不仁。

特别是丑小鸭中学的孩子，被认为是集"疑难杂症"于一身的。面对这些孩子，除了保护他们，很多时候真的找不到解决问题的方案，有时候甚至是一筹莫展。"因为生命本来就是个奇迹，很多问题不是很快就可以找到解决方案的，甚至根本就不会有解决方案，但你们一定要保护好孩子。"这是我跟老师们说的最多的一句话。

孩子不上学怎么办？

"孩子不上学怎么办？"——几乎所有的家长都是遇到这个问题才把孩子送到丑小鸭中学的。在成年人看来，"上学"只是一种行为，一个动作。但在"不上学"的孩子心里，"上学"是一种心态，一种力量，根本就不是一种行为。就如，"我爱你"这三个字读出来很容易，说出来却很难。我记得我五六岁的时候，看到一只小狗把我妹妹追赶到哭，从那时候起我就怕狗，尽管我爸无数次说过"狗有什么好怕的"，但我还是害怕，一直到我二十多岁才不害怕了。因为孩子"不上学"了,家长不开心了,所以这个问题就必须解决。其实,孩子"不上学"只是一种表象,背后有很多让孩子"上学"很"不开心"的因素。从本质上说,没有一个孩子的内心不渴望上学,但是这些背后的因素消灭了孩子上学的内心力量。力量,是生长出来的。生长,需要时间。孩子"为什么不上学"的问题,就如成年人"为什么赚不到大钱"一样,其实都是生命成长的根本问题。生命成长的问题,不是谁来"开导开导"就可以解决的。

那些早恋、抽烟的孩子

早恋、抽烟,这是很多学校都存在的情况,我甚至还没有发现哪所学校的校长能宣称他的学校没有这种情况。一次,有位母亲对我说:"詹校,我的儿子在丑小鸭中学这一年确实很多方面都进步了,但问题也来了,我发现他好像喜欢女同学了……"我说:"你家的桃树不是因为种在我的园子里才开花的。春天来了,桃花就开。"还有一位女同学对我说:"詹校,我们学校有同学偷偷抽烟……我不想在这里上学了。"我说:"中学生抽烟肯定是坏事,但抽烟的同学不是坏人呀。如果因为别人抽烟你就远离他,那样只会让自己的路越走越窄。再说,人家只是'偷偷抽烟',也应该不会影响到你的学习吧?我看,不想上学,应该是你的个人选择,'有同学偷偷抽烟'只是你不想上学的借口。如果你真不希望看到同学抽烟,你应该善意提醒他,而不是远离他。"我承认,我教书四十多年,遇到过无数的抽烟的孩子和恋爱的孩子,我从来没有成功地让他们彻底"戒烟"或者"戒恋"。我只是告诉他们如何对待这些事,在他们困惑、失意的时候帮助他们。有人说:"一个好苹果放到一篮子烂苹果里,就会变成烂苹果。"这个道理好像很对,但绝对是一个混蛋逻辑——烂苹果是没有生命的,而孩子

们是每时每刻都在生长的生命体！怎么能把"烂苹果"和活蹦乱跳的孩子放在一起做比较呢？有些简单的道理不一定是谁都可以明白的。那么，承受后果也是一种结果。

焦虑时的家长往往看不到问题的实质

李同学是个被诊断为重度抑郁并且药物治疗无效的孩子。刚刚入校的那段时间，李同学经常说"想死"。为了"救活"这个孩子，学校找了许多方面的专家，三个月后，孩子基本恢复了正常——能正常参加学校的活动，能正常交往了。但是，父母看到孩子"改变了"又马上对孩子提出学习要求,并且希望"德高望重"的詹校长跟李同学"好好谈谈"。我回答:"不能谈。现在家长和老师已经找他谈过很多次'学习'的事了。如果我再去谈,可能会给他更大的压力。孩子才刚刚'活过来'呢!就当他在医院治疗吧!跟药物治疗相比,丑小鸭中学的效果已经很好了……其实,作为校长,我真应该跟孩子谈学习,但有些孩子不一样,他们就是因为恐惧学习而患上抑郁症的,请家长理解,我目前不能和孩子谈学习。"一个不和孩子"谈学习"的校长,家长能理解吗?既然丑小鸭中学是学校,怎么能不谈学习?不谈学习,那还上学干吗?很多父母把孩子送来丑小鸭中学是为了改变孩子,继续望子成龙的梦想。他们拿别人的孩子跟自己的孩子做比较。

还有这样一位家长,她的孩子已经快两年没有上学了,也基本不与外界接触。我注意到主要的问题是亲子分离问题。后来,这位妈妈终于下决心把孩子送到了丑小鸭中学,但因为不放心,孩子入学后她还在学校周边租了房子住着。孩子入学三十多天后,这位妈妈直接到学校接走了孩子,没有跟学校说任何理由。大概一个月后,这位妈妈多次打电话到市县教育局"告状",包括"学校没有保管好孩子的香皂"都成了她"告状"的内容。家长的焦虑和失落演变成一场家校关系的纷争。可想而知,家长的心思不放在孩子身上,孩子的教育自然不会好。

有一位父亲,把孩子送到丑小鸭中学后经常三更半夜打各位老师的电话,同样的话题要跟不同的老师反复说。特别是生活老师,本来就跟学生住在一个寝室里,接电话怕影响其他学生,不接电话的话家长会不停地打。家长还会投诉:"丑小鸭中学就是这样对待家长的吗?"类似的情况丑小鸭中学经常遇到。教育,是被成年人控制的。孩子能有什么办法呢?李镇西老师说过:"学校教育确实重要,但无论学校教育多么重要,都只是家庭教育的补充。"老师是为家长"打工"的。老师能有什么办法呢?家庭、学校、孩子之间的信任关系一旦被破坏,所有的教育手段都是无能为力的。要建构信任关系还真不是一件容易的事。

把"读书"理解为上学读书是一件很无语的事

深度学习、高效课堂、翻转课堂等,其实也基本不能解决"问题孩子"的学习兴趣问题。围绕知识灌输的任何一种课堂形式对这些孩子来说基本上是无效的。朱永新先生提出的"过一种幸福完整的教育生活",揭示了教育的"生活"本质。与其说丑小鸭中学是一种教育模式,倒不如说丑小鸭中学是一种生活方式。书多，是丑小鸭中学的最大亮点：每个孩子人均拥有400多册图书。学校的教室、走廊、食堂、寝室、操场都成了"书吧"。孩子们可以随手就拿到书。但是，有一些教育者总是把"书"和"课外书"对立起来。因为他们不顾一切地把学习指向了唯一的目标——考试。活动多是丑小鸭中学的又一特点。我们认为，最好的教育是体验。在体验中，教育会自然发生。丑小鸭中学每天的三节活动课，还原孩子活蹦乱跳的样子。有些家长看到孩子"正常了"，就以为是"改好了"，又迫不及待地把孩子送回原来的环境中。保护生命，建立规则，发展学习力是丑小鸭中学的教育目标。

那些又苦又累的丑小鸭老师们

师资队伍不稳定是所有民办学校面临的问题。丑小鸭中学，一是面向根本无法在其他学校正常上学的孩子，二是学校在一座大山上（这里没有商店、没有饭馆，甚至每天只有三趟公交车），教师能留下来还真难能可贵。近五年来，除了考入公务员的情况，很少有老师流动。因为365天都有学生留在学校，丑小鸭中学的老师还在实行周六制，寒暑假只能轮休，放假时间还被"克扣"，杨柳校长连续在学校陪着孩子们过了九个春节。办学这十多年，所有老师在一起吃顿饭都做不到，这一直是让我感到愧疚的事。在丑小鸭中学，因为每天都要陪伴孩子，老师的校外培训是一件基本不可能的事情。幸亏朱永新等老师给老师们寄来了很多书，李镇西、杨东平等大先生走进了丑小鸭中学。特别是李镇西老师，前后十多次来丑小鸭中学，对老师们的影响特别大。李老师自告奋勇当了丑小鸭中学的兼职教师，把"禁止体罚学生"作为一条铁律告诫全校教职工。

一个是在语重心长地说，一个是在认真地听——这是李镇西老师在批评我吗？

豫章书院一类的管教式机构在全国不少。用恐惧的方式控制人是一件非常简单的事，更何况是针对孩子。在这样的"学校"，喂养几条凶残的藏獒就可以了，根本不需要培养老师。非人性的"学校"是教育的敌人。如丑小鸭中学一样把"问题孩子"集中在一起的普通初中非常少见。丑小鸭中学尽管走过了十余年，但探索越多，发现的问题就越多。教育，只有情怀和智商是远远不够的。看见孩子，发现教育，永远在路上。善意的批评和善良的帮助，是丑小鸭中学教师努力工作的重要动力。我的一些朋友，他们一直在宣传丑小鸭，支持丑小鸭，表扬丑小鸭，但也从来没有停止过批评詹大年，告诫詹大年，帮助詹大年，比如李镇西、茅卫东。

我们努力，但有很多无能为力的时候。努力到无能为力！我没有奢望丑小鸭中学能存活多久，但非常希望丑小鸭中学能多存在一天。丑小鸭不会失败，但必须有面对牺牲的心态。办学校容易，做教育却很难。面对生命，不敢放弃。我断定：丑小鸭中学是未来教育的方向。未来的学校，一定都看得见每一个孩子。

简单三招,师生都可以更加轻松

昆明丑小鸭中学招收的全部是"问题学生"。一位专家考察丑小鸭中学后,情不自禁地说:"听说丑小鸭中学办得很好,我是带着怀疑来考察的。现在,我信了!因为,每一个孩子的眼神里都带着幸福。"

幸福,来自主体人格被认同。

"教学"变"学习"

"教学"至少有三个陷阱。

第一个陷阱,强加孩子的需求。

"教学是为了你好。如果不教,你怎么学?如果学不好,怎么考上更好的学校?如果考不上更好的学校,将来怎么生活?"就这样,强行把自己的经历和焦虑变成孩子的需求。

一开始，孩子在对未来的焦虑中，因"教"而"学"。孩子们对学什么、怎么学的思考从小就被剥夺了。

我们的教材与课程都很少因孩子的需求而设计，而是把需求强加给孩子。因此，书包因忽视孩子需求而过重，时间因忽视孩子需求而过长，作业因忽视孩子需求而过量。

第二个陷阱，设定孩子能力不够。

"因为你不懂，所以需要教。每一个步骤，每一道试题，你都不能放过。"

这样，一开始孩子的思维就被锁定在学科知识层面。他们不敢思考，特别害怕越过标准答案的范围去思考。因为，他们一开始就被设定为能力不够，一旦不被老师教的标准答案所认可，他们好像就输了。

其实，孩子天生好奇，天生感性，他们对外界有着天生的感知能力。但是，他们的聪明是被老师根据教材而设定的聪明，他们在教学之外的聪明都被确认为"另类"。于是，他们不再好奇，不再提问，不再思考，只是变成一架被灌输的"机器"。

第三个陷阱，准备好两顶帽子。

这两顶帽子：一顶叫"爱学习"，一顶叫"不爱学习"。

任何一个学生,注定要被戴上其中某一顶。一旦思想从小被固化,他们就都会害怕戴上"不爱学习"的这一顶帽子,都要拼命逃脱被戴上"不爱学习"的帽子的厄运。于是,他们根本没有力量也没有时间去思考:什么叫"不爱学习"?学校开设的课程跟"我"的兴趣、爱好和适合的方向有什么关系?评价手段是不是科学?是不是适合"我"?"我"的"学习"方向到底在哪里?

那些孩子,一旦确认自己无法被戴上"爱学习"的帽子,他们有的选择逃避,有的另起炉灶。最后,逐渐成为"问题少年"。

"学习"与"教学"不一样。学习是自主的、自由的、自然的、多元的、共享的、无边界的。学习的永久动力来自天性的好奇。"学",重过程;"教",重结果。"学",不是"教"的结果。

以下是我和学生一起学习八年级语文《与朱元思书》的学习过程记录。

一、我所做的课前准备

1.《与朱元思书》的原文与《学习卡》交给每位同学1份。

2. 一体机1台,平板电脑每两位同学1台。

3. 两三名同学结为学习同伴。

八年级语文《与朱元思书》学习卡

设计：詹大年 2019年10月30日

一、百度百科搜索《与朱元思书》，15分钟后，你所得到的信息有：

1.

2.

3.

……

二、读《与朱元思书》原文，把你觉得还不能理解的词语或句子抄下来，再向同伴请教。如果你对同伴的答案并不满意，可以查网络，或者请老师帮助。

1. 不能理解的词语：

2. 不能理解的句子：

三、把你认为最美的句子抄下来，准备好理由，再与同伴交流。

四、把你认为最受启发的句子抄下来，准备好理由，再与同伴交流。

五、搜索几个关于《与朱元思书》的视频，欣赏视频中的朗诵内容，并选择你认为最美的，跟着视频朗诵，并请同伴提建议。

六、争取把全文背下来。

二、我设计的学习步骤

1. 依据《学习卡》自主学习。

2. 自由分享,把《学习卡》第一题"得到的信息"写在黑板上。

3. 互相评价。

三、两节课80分钟的收获

1. 每位同学都填完了《学习卡》,都至少观看了两个朗诵视频。

2. 有14位同学(全班24人)到黑板上写下了自己收获的信息。

3. 有7位同学到讲台前分享,特别是有两位同学举例说明了"骈文"与"散文"的不同。

4. 有两位同学在一体机上与全班同学分享了他最喜欢的视频并说出了他喜欢这个视频的原因。全班同学都在认真观看,热烈鼓掌。

5. 大部分同学回答说"文章的意思都理解了"。

6. 每位同学都有说不完的话,而我基本上没有说话的机会。

四、说说什么是《学习卡》

1.《学习卡》是学习过程的记录,它不同于作业题

（作业题主要是巩固知识点），也不同于考试题（考试题主要是评价学习成绩）。

2.《学习卡》有高度，没难度。任何学生都有话可写，并且不会有错。这样，它可以让每个学习者都可以在学习中感受到自己的价值，并且感觉到自由、平等、安全。

3. 每个学习者都可以借助自己所能获取的学习资源，完成《学习卡》。

4.《学习卡》的设计照顾到同伴关系。这样可以帮助学生会倾听、懂借鉴、知尊重、能包容，而不是竞争关系。

5. 老师是《学习卡》的设计者，又是学习者、倾听者、观察者、帮助者，更是学习资源的提供者。

五、这堂课用到的几个"工具"

1.《学习卡》。

2. 电脑与网络。

3. 学习同伴。"学习同伴"没有明确的组织与分工，是一种自由组合，一般是两三个同学在一起。它与"学习小组"不一样。学习同伴最重要的意义在于让学生在课堂上学会建立人际关系。

"作业"变"作品"

我女儿上中学的时候，刚一放假，三两天就完成了作业，然后是画画，玩。我很纳闷："这么快就完成假期作业了？""我才没有那么傻呢——太简单的没意思，不做；太难的伤脑细胞，等快开学时去问同学，现在也不做……我只做我想做的。画画多好玩呀！""佩服你！"我从来都是支持我的孩子偷工减料做作业的。是呀，老师布置的作业为什么要一揽子都做完呢？很多作业实在是没意思。

在很多学生眼里，作业是"老师的""没意思的""重复的""耗时间的""不得不做的"……为什么不把"作业"变成"作品"呢？比如画画，我的孩子不就是拿对作业偷工减料得来的时间画画吗？作品，是"自己的""创造的""自由的""快乐的""欣赏的""美的"……

真要把"作业"变成"作品"，那不是一般的老师能做到的。试问一般的老师能有作品吗？真要把"作业"变成"作品"，那也不是一般的教材能做到的。试问一般的教材能设计作品吗？真要把"作业"变成"作品"，那也不是一般的家长能做到的。试问一般的家长心里摆得下作品吗？真要把"作业"变成"作品"，那也不是一般的教育能做到的。试问一般的教育能允许学生有属于他们自己的作品吗？

但是，真有一天，"作业"变成"作品"了，孩子们就变成真正的有个性的自己了，"中国制造"也就会变成"中国创造"了。如果您是好老师——不一般的好老师，您就把给孩子们的"作业"变成他们自己的"作品"吧！如果，"作业"不能变成"作品"，那"作业"有什么意义呢？

"管理"变"治理"

管理，是"上"与"下"的纵向式的梯级关系。

治理，是"我"与"你"的横向式的平行关系。

昆明丑小鸭中学是一所专门帮助"问题学生"的初中。这所学校经常会组织学生游学。长的时候一两个星期，短的一两天；远的在北京、海南，近的在学校周边；多的时候全校师生出动，少的时候是二三十个孩子外出。你可能会把这些"问题孩子"想象成野马，但他们不是。这些孩子，有些负责安全，有些负责收支，有些负责伙食，有些负责娱乐，有些保管器材，有些负责导游……"人人有事做，事事有人做"，这是魏书生老师的金句。

这就是治理，不是管理。任何人都是服务者，任何人又都是享受者。善良，是人的天性；懒惰，也是人的天性。治理，很好地利用了这两个天性，又很好地实现了人际关系的教育。

在丑小鸭中学，学生玩电脑、校园运动会、校园绿化、校内卫生、教室装修布置……大事小事，都是治理，而不是管理。

"教学"变"学习"，"作业"变"作品"，"管理"变"治理"，给学生以自由和独立。

一所学校，有自由的精神，才有学生的主体人格，才可能培养出具有创造力的下一代。

如果詹大年没了，丑小鸭中学还有吗？

第一次提出这个问题的，是李镇西老师。那是2020年11月，李老师和杨东平老师一起来丑小鸭中学的时候。李老师说："我感觉詹大年的丑小鸭中学有点像张桂梅的女子高中，都是由一位很特别的校长撑起来的。丑小鸭中学这样的学校，没有詹大年，恐怕谁也办不了，或者说谁也不想办……假设詹大年没了，那丑小鸭中学还有吗？"杨老师在旁边笑了笑。

一直以来，来丑小鸭中学采访的记者都会提到这个问题——"如果詹大年没了，丑小鸭中学还有吗？"上海真爱梦想公益基金会的负责人，我的朋友陆宏勇，在丑小鸭中学考察了两天。因为以前在新华社当记者所特有的职业敏感，他在和几位老师聊天的时候，问道："听说詹校长要去徒步穿越沙漠无人区了。假如他挂在沙漠里了，丑小鸭中学还办吗?"陆老师好像感觉我也在场,补充说,"我是说,假如……"

几位参加座谈的老师都是特别熟悉丑小鸭中学的老员工,赶忙接过话:"假如詹大年真的挂了,我们也会撑下去……毕竟,丑小鸭中学办了11年,大家有感情了,舍不得。再说,跟着詹校长这些年,他的办学思路大家也基本领悟了,应该可以办下去的。"我说:"丑小鸭中学办了11年了,没有什么新的东西,更是没有诀窍,没有套路,没有模式。简单一点,别卖关子;正常一点,别发神经;对学生好一点,别吓唬孩子。把每一个孩子当孩子看,这样持续地做下去,孩子们好了,学校就可以办下去了。再说,如果所有的教育者都能接纳孩子,哪来的'问题学生'呢?丑小鸭中学这样的学校本来就不需要啊。我现在就想'消灭'这所学校……我根本就没有打算把自己的一生奉献给丑小鸭中学。只是,我想假如丑小鸭中学哪一天真的没了,那孩子们哪一天想回来看看;他们去哪里找回自己的故事呢?"那一刻,气氛有点凝重,大家都不说话。我认为,不管现在怎么样,将来,詹大年肯定会"挂了",丑小鸭中学也肯定会"没了"。生命是这样,历史也是这样。

这样的"学校制度"会让孩子战战兢兢

我曾读到某校的《处分条例》中的部分内容——

第五条,有下列行为之一者,给予通报批评。

1. 染发、怪发、烫发、染指甲、戴耳环、戴首饰,经教育不改者;

2. 在教室或走廊跑跳打闹喊叫,语言不文明,累计超过三次者;

……

8. 擅自进入学校禁止场所(如楼顶、生活区、行政办公区等);

……

11. 就餐不按值周教师要求做,出现违纪并造成影响者;

……

13. 私自携带、偷吃零食被发现一次者……

我在想，如果我是孩子，在这样的学校，我会战战兢兢，无所适从。什么叫"怪发"？如果某位同学与某位老师因为对"怪发"的不同理解争论起来，谁来判断？谁说了算？在这所学校里，应该是谁高高在上，谁就说了算。我认为，几乎没有人会故意把难看的东西弄在自己身上，比如，"怪发"。爱美，是人类共同的追求。至于怪与不怪、美与不美完全是由不同的审美观决定的。人的审美观是会不断改变的。审美观的改变不是强加的，也不是灌输的，而是自由建构的。不信，请看商店里的服装，不管你个人认为衣服好不好看，最后任何一件衣服都会卖出去。每一个人都生活在对美的追求里。离开了美的追求，教育有什么意义呢？

我年少的时候也留过"怪发"，也穿过"奇装异服"，也曾遭到过父亲的强烈斥责，但我当时依然我行我素，到现在也没有变坏呀。一个人的人品，其实跟"染发、怪发、烫发、染指甲、戴耳环、戴首饰"没有必然联系。

为什么就"不能在教室或走廊跑跳打闹喊叫"？为什么把行政办公区设定为"学校禁止场所"？"跑跳打闹喊叫"是孩子的天性。学校走廊的功能和医院、养老院里走廊功能是不一样的。学校,就是孩子们跑跳打闹喊叫的地方。行政区如果不面向学生,领导们又如何读懂孩子的生命需求?学校决策的依据又来自哪里?

"不按值周教师要求做"要受到处罚,这就设定了"教育永远是对的""教师永远是对的","教育""教师"都是不允许学生去质疑的。强迫学生无条件服从,只会培养没有思想的人。

我并不是支持学生经常吃零食,但"私自携带、偷吃零食"等词语出现在学校的制度里,确实有辱学生人格。既然是零食,谁带零食不是"私带"?谁吃零食不是"偷吃"?这样的处罚,会让孩子恐惧"私自""偷吃"的罪恶,也会导致孩子在成长过程中的界限混淆。能接受这种处罚的孩子,长大以后要么是懦弱的,要么是可怕的。

学校制度,应该立足孩子的成长,保护孩子的成长,帮助孩子的成长,包容孩子的成长。孩子的生命需求,才是学校制定制度的初心。

"择优"是一种伤害

本文所指的"择优",只指对普通中小学生的"择优"。我反对这种择优方式——从来就反对。

1. "择优",其实择的只是学科高分,这样的"优"的标准是由择方的主观需求决定的。各学科的全面的"优"只是为了让考生封闭其他无关的信息,其实与个性的"优"没有关系,相反会伤害个性的、真正的"优",会让无知的孩子变得迷茫、自卑、愚昧。

2. 标准答案成了择优的标准。标准答案里是少有真问题的,只是一种知识奴役。在标准答案的"统治"之下,孩子的个性的"优"早已被磨灭。

3. 这种择优的结果是高效率、低成本地灌输标准答案。这样的"培优""择优"其实只是一种教学,算不得教育。方法简单,评价粗暴。

4. 多元的生命群落，是生命最好的生长环境。被"择"后的生命群落是单一的，生态系统是脆弱的。单一的生长环境是造成生命孱弱的主要原因。

5. 明明是"择分"，却要以偏概全说成是"择优"。

6. "被择优"的群体固然暂时是亢奋的，但那些"被差评"的群体呢？躺平、抑郁，已经差不多是一种常态了。

教育，是否会由消费焦虑向着耗费生命的方向转化？妥妥的"优"，满满的"利"。

比如14岁女孩被批评后跳楼……批评错了？

对《初二女生在校被逼跳楼身亡，恳请媒体主持公道，给孩子一个交代》一文，我所理解的基本脉络是：

1. 14岁的八年级学生胡某被同班同学"告密"玩手机。

2. 班主任批评处理胡某。

3. 胡某跳楼身亡。

4. 学校认为"没有责任"。胡某的父亲发此文求关注。

显然，"玩手机"不是"跳楼"的直接原因。

我认为，导致孩子跳楼的主要原因是：

1. 老师批评处理"玩手机"问题时，对孩子的心理承受能力没有正确的预判，对批评处理的后果评估不足。

2. 在批评处理过程中，没有关注孩子的情绪。

3. 老师对批评的目标定位不对。

批评，是教育的艺术，而不是教训的技术。

第一，批评不是让孩子认错，而是让孩子思考。

批评可以用沟通的方式进行。首先，假设孩子没有错——事实上，也没有绝对的错。老师完全可以以一种"什么也没发生"的姿态倾听事情的经过和孩子对事情的看法。然后，帮助（"帮助"的姿态很重要）孩子分析"对的"或"错的"原因，还可以和孩子一起制定解决方案。

第二，批评不是让孩子认输，而是让孩子尊重。

批评的过程，本身就是一种教育。和谐的批评，让孩子感受和谐。蛮横的批评，只能教给孩子蛮横。有些错误，孩子可能一辈子都改不了，但老师对人对事的态度，可能会影响孩子一生。特别是对一个犯错的孩子，在他最需要尊重的时候，如果能够得到尊重，他应该会终身铭记。

第三，批评不是让孩子低头，而是让孩子抬头。

批评的目的不是分胜负，而是为了"玩下去"。孩子抬头，批评才有意义。所以，此刻孩子对待批评的态度并不重要，重要的是"下一步"。

首先，不在自己或孩子任何一方有情绪的时候进行批评或者处理。任何人，在情绪爆发的时候，智商都会下降。

在任何一方情绪爆发时的批评都只会点燃情绪。"为你好",是批评最蛮横的理由。这个理由,会让批评者失去对自己情绪进行管理的理智,因而让"批评"演变成"加害"。

其次,针对事情本身,不针对孩子的人格。批评者和被批评者在人格上是完全平等的。批评的最重要的目的就在于保护孩子的人格尊严不受伤害。

再者,不要希望一次性解决问题,要允许孩子"屡教不改"。对"对"与"错"的认知是需要一定的时间的。价值观是自我建构的,不是被灌输的。所以,"屡教不改"才是再正常不过的认知过程。

最后,家庭和学校都是最适合孩子犯错的地方。犯错,或许是最好的教育。任何人都是在犯错中成长的。家庭、学校犯错的成本最低,也就是最好的"犯错—纠错"练习场。

好的批评,双方都是赢家,而不是一方是得意扬扬的胜利者,另一方是垂头丧气的失败者。

批评是让孩子"抬头",而不是"低头"

批评的目的是激励而不是打击,是唤醒而不是压抑。是让孩子"抬头"而不是"低头"。

先举一个例子:初二男生小毛经常躲在厕所里抽烟。一天,我遇到小毛,他跟我打招呼。我说:"小毛,我听说你在厕所里抽烟了。"小毛看着我,停下脚步。

我说:"你在厕所里抽烟是对的。"小毛望着我,一脸疑惑。

"小毛,因为你知道在学校抽烟是不对的,才躲在一个不容易被人发现也不影响别人的地方抽。但是,在厕所里抽烟你会感觉很压抑,空气也不好,又有负罪感。这些对你都不好。"

"谢谢校长。我知道了,我不会抽烟了。"

"抽不抽烟,你自己选择,但我真不想别人因为你抽烟而误会你。"

小毛抓抓头，笑了，跑了。

从处理小毛抽烟这件事，我们可以解读批评的价值和意义。

我们为什么要批评孩子？我认为纠正错误、建立关系、传递善良、发泄情绪……都可以是批评的目的。

以"纠正错误"为目的的批评

批评不是让孩子认错，而是让孩子学会思考；批评不是让孩子认输，而是让孩子学会尊重。

批评可以用沟通的方式进行。

首先，假设孩子没有错，事实上也没有绝对的错。教师完全可以以一种"什么也没发生"的姿态倾听事情经过，以及孩子对事情的看法。然后，帮助孩子分析"对"或"错"的原因，一起制定解决方案。我们要善于使用描述性批评，而不是评价性批评。对孩子的错误加以描述，就事论事，保持态度中立，不谴责、不侮辱。这样，孩子就容易重新认识自己、反省自己。批评针对的应该是孩子的过错而非其本人。

批评孩子前，我们一定要弄清楚批评的价值，给孩子一个挨批评的理由。我们要坚定地与孩子站在一起,把过错放在对立面。我们要孤立的是错误,而不是孩子。批评是表达善意而不是唠叨,更不是变本加厉。

以"建立关系"为目的的批评

批评的目的不是分胜负,而是为了帮助孩子建构自我关系、融洽师生关系。如果师生关系"玩不下去了",那批评无疑是失败的。

如果孩子也感觉自己的生命"玩不下去了",他的人格就可能解体,这不是因为"现在的孩子太脆弱",而是因为被不适合的批评伤害了。

批评,必须让孩子看到希望,因为人人都活在希望里。

以"传递善良"为目的的批评

批评的过程本身就是最好的教育。和谐的批评让孩子感受和谐,善良的批评传递给孩子善良,蛮横的批评让孩子学会蛮横。有些错误,孩子可能一辈子都改不了,但我们批评孩子的态度可能会影响孩子一生。一个犯错的孩子,在他最需要尊重的时候如果能够得到尊重,他应该会终身铭记。

20多年前,我就听说过关于李镇西老师的一个故事。李老师班上有个男生,爱抽烟,戒不掉。一天,李老师在校门口等到这位男生,他从男生口袋里掏出一包烟来,抽出1支后把19支还给男生,说:"今天你就抽19支,明天我还在这里等你。"第二天,李老师抽出2支,把18支还给男生,说:"明天17支……19天后就只有1支了。我希望你可以戒掉。"故事说到这里,有人会问:"男生最后戒烟了吗?"还有人会问:"李老师这样的教育方法,学生会听他的话吗?"……说实在的,我第一次听到这个故事的时候也是这样想的,甚至我根本不赞同李老师的做法。好多年,我一直读不懂这个故事。一直到10年前,我才慢慢读懂李老师的用心。其实,学生是否戒烟了这个结果不重要,李老师要传递的是善良与尊重,这是教育的智慧,也是教育的起点。

以"发泄情绪"为目的的批评

孩子接受批评的姿态与孩子是否改正错误无关。

批评孩子注意"五不责":饮食不责、疾病不责、烦躁不责、悔改不责、初犯不责。切忌在有情绪时批评孩子。

如果彼此都有情绪,先处理自己的情绪,再处理孩子的情绪。

在情绪爆发的时候,批评只会火上浇油,让"批评"打着"为你好"的旗号变成"加害"孩子的利器。发泄情绪的批评是悲剧的导火索。给予孩子空间与自由,允许并鼓励孩子辩解,给孩子"回嘴"的权利。只有在孩子"回嘴"的时候,我们才可以觉察到孩子的痛点和泪点,才可以反思自己、对症下药。

批评的艺术不是"钻研"出来的。

一位关注学生个体生命需求的老师,眼神一定是温暖的、期盼的,这样的老师才是学生的依靠。

第二章

教育一定会朝着美好的方向发展

§

"为了一切学生",

"一切为了学生",

但一切往往会掩盖个体,

教育不只是为了一切学生,

是为了"这一个孩子"此时此刻的需求,

但很多时候我们看不到这个孩子此刻的需求。

谈心，是不是一个圈套？

有一位中学班主任给我留言："我班上的一位学生穿着打扮总有点古怪。我与他多次谈心，但我的话他不听。怎么办？请詹校指点。"

"谈心？不听？"

"是的。我经常找他谈心，但我的话他根本听不进去。"这位班主任回答。她好像没有理解我的意思。

我对谈心的理解是这样的——

首先，谈心是为了了解对方内心的真实想法，而不一定是让对方接受自己的观点，所以对方"听"与"不听"其实并不重要。如果把"谈心"的目标锁定在"听"，那其实不是谈心，而是批评、指责、说教。比如，面对学生穿着古怪的问题，谈心的目的是为了了解学生这样做的心理需求。前提是接纳学生目前的状态，对学生的行为做出

"无病假设"。只有这样，学生才会接纳老师，也才会真正把"心"拿出来"谈"。到了这一步，理解并关注学生内心需求，帮助他找到能够表达这种心理需求的更好的方式，问题就迎刃而解了。

其次，谈心是平等地拉近心与心的距离，让双方感受到彼此的需要、彼此的存在、彼此的接纳。由此，老师的眼神里应该充满关切、需求的期盼，而不是居高临下的恨铁不成钢的气势。心与心的距离拉近了，当听得见彼此心跳的声音的时候，也就掩饰不住内心的真实需求了。

在学校里，不管学生表面上如何强势，他们终究无法支配自己，所以是被动者、弱者。他们内心渴望平等、自由。"爱学习"与"不爱学习"其实只是对同样的渴望的两种截然相反的表达方式。

如果教师一方事先就设定了谈心的环节、效果甚至台词，学生能够把你编写的剧本演得那么完美吗？不能。那么，因为失望，他就可能永远隐藏自己真实的内心世界。这样，"谈心"就成了老师的独角戏。

随意一点，简单一点，记得把自己的"心"也拿出来"谈"，还要让学生感受得到。否则，你设计的谈心，在孩子的眼里，只是一个圈套。

用美的方式开启德育的大门

学校——孩子们最愿意待下去的地方

1. 德育首先是生命教育。

学校德育,首先要让孩子们认知生命的价值,感悟生命的美好,接纳生命的缺陷,化解生命的困惑,发展生命的能力,进而建立与自己、与他人、与社会、与自然的和谐共生的关系。

保护生命,是生命教育的首要任务。

长期巨大心理压力下,孩子普遍心理脆弱,抗挫折能力差,有的孩子在家庭得不到安慰,在学校看不到希望,在社会感受不到温暖,以致对生命、对世事愈来愈冷淡、冷漠甚至冷酷。

教育即生长,生长是生命的本来状态。

学校,第一位的工作是关注孩子的自然生长。学校从时间、空间、设备设施、师资配备等方面首先必须满足孩子个体生命自然生长的需求，然后才是教学。

特别注意的是，每一个孩子都是一个独立的人，一所学校有多少个孩子，就有多少种不同的生长需求。生理上，孩子们会遇到不同的状态；心理上，孩子们会遇到不同的困惑。

我们关注到了每一个孩子，孩子就学会了关注他人。

在昆明丑小鸭中学，几乎每天都有"不听话"的孩子被家长送进学校，不管"问题孩子"遇到了什么，也不管他如何叛逆，我们首先要做的是哄他吃饭，哄他睡觉，哄他开心，无条件保证他的生命在健康状态。

有些家长、有些老师当察觉到孩子的生命状况即将要出问题的时候，才开始"抱佛脚"，往往这时就晚了。

我们不但要教育孩子珍惜自己的生命，还要教育孩子珍惜所有的自然生命、社会生命、精神生命。

生命教育，是意识，不是课程；是渗透，不是灌输。

我们应当反省，在教育过程中我们给孩子们灌输了不少漠视生命的意识。教材里面有很多暴力的内容，这样的书还在读，这样的歌还在唱，这样的故事还在讲，这样的影视还在看。

人心向善，是从尊重生命开始的。

请用美的方式开启德育的大门。

2. 德育是爱育，是心育，也是真育。

爱，是德育的价值核心。爱自己、爱他人、爱祖国、爱自然。

德育是爱与被爱的能力与智慧教育。有爱的需求，却没有爱的能力，这是每一个中小学生的心理现状。这个不是问题，是经历，是孩子们心理发育的必经之路。

教会孩子们去爱，才是学校德育的核心。

学校必须让孩子们感受到是安全的。孩子们在学校不用担心被压迫、被冷落、被攻击、被嘲笑、被指责、被忽视。

安全了，孩子们的心才会安静下来，才会去爱，去学。

信心，是心的力量。自信了，心才会强大起来。自信心，不是"说"出来的。往往说"你要有信心"，反而成了"没有信心"的暗示，孩子可能会更没有信心。

真正的德行，是个性与诗性的完美统一。

现在的孩子，过早地承受了学习的负担，让他们远离了个性自由，单一的分数目标，让他们远离了人文诗性。

孩子是感性的，感性才是真性情。如果理性的德育远离了孩子的感性,那么孩子们会觉得虚假。

3. 德育是体格、人格、品格教育。

增强体格,健全人格,培养品格,是德育的具体目标。不先实现这个目标,孩子是没有方向感的。没有方向感就没有价值观,也就不可能有无缘无故的德行。

现代人用考上什么大学、当了什么官、赚了多少钱来评价一个人的成就,实际上就很可能偏离了德育的方向与目标。

忽视孩子体格教育的老师是最缺德的老师,以"没有时间"为借口剥夺孩子体育锻炼自由的学校是最缺德的学校。

人格,简单来讲就是人的性格。性格,没有好坏,有好坏的是脾气、品格。人格教育,要让孩子读懂自己的人格,熟知他人的人格,尊重人格的特点,扬长避短,读适合的书,交适合的朋友,说适合的话,做适合的事。

人格无好坏,品格有贵贱。教育者千万不要把人格与品格混为一谈。

品格,是后天塑造的。什么样的家长,什么样的老师,什么样的偶像,就会塑造孩子什么样的品格。

老师——孩子们最依恋的人

1. 不是不犯错而是对的更多。

不让孩子犯错，这是德育最大的误区。

好的老师，不是不让孩子犯错，而是要不断地给孩子做正确事的机会。有错必帮，而不是有错必罚。老师的脸色可以容得下孩子的一切行为。

德育不是让规矩把脑子灌满，而是让思想可以飞翔。好的德育环境，是让孩子们有可以讲话的地方。有了可以依赖的老师，孩子们不用担心安全受威胁。

2. 体验而不是说教。

美育、体育，感性而有形，是孩子们最喜欢的，在德育中的作用十分有力量。

德育的力量是心力。心力，是练出来的。语言说教力量甚微，让学生自己去做才是最直接的。

丑小鸭中学是一所专门帮助初中阶段"问题学生"的学校，这些孩子基本上不适应传统的教育，也不接受传统的评价，他们的自信心都已经被严重挫伤。2014年昭通地震，我带着这些学生两次进驻灾区中心，心理救援规划由他们自己设计，制度由他们自己制定，安全由他们自己负责，生活由他们自己安排，困难由他们自己解决。从那次到灾区进行心理救援以后,学生心理社团一直非常活跃。其他的学生社团也是自由安排时间,自由组织活动。

郊游、研学、野营、晚会……在我们丑小鸭中学,几乎每天都有孩子们的活动。他们自己组织,方式和内容都由他们自主安排。这样,孩子们的自主精神、合作能力、集体意识在体验中形成。

孩子们特别不喜欢拿遥远的、陌生的人和事来说教。我们的德育方法是站在教育者的角度去设计的。其实,这样的方法很不适合孩子们,也就很难收到设计者想要的效果。

校长——自由、公平、正义的标杆

1. 校长的工作重心不是建立制度,而是建设自由、公平、正义的生态校园,让教师自主教学,学生自觉学习,校园自我管理。

这不一定可以立竿见影,但一定要是全校师生奋斗的目标。

校长,一定要是全校师生的精神领袖,而不是某某领导的代言人。校长的价值是带领,而不是管理。

2. 校长要沉淀校园文明,而不是打造校园文化。

知识可以"高效",文化不可速成。

德育是一种文明。

沉淀的校园文明可以容万物,"打造"的校园文化很可能只是喊口号。

以教师之"德","育"学生之行,这就是学校德育。

让美好与孩子在学校相遇,这是学校德育的最高境界。

期末评语

——老师的人格,学生的未来

其实,评语比分数更重要。

好的评语激励人,不好的评语伤害人。

造就人,是期末评语的第一原则。

体格、人格、品格,是学生成长的全部,教师的评价不可偏废。

忽视学生体格成长的老师,是最缺德的老师。

人的性格没有好坏,对学生的人格评价一定要用中性语言,特别是不能凭教师个人喜好去评判孩子的人格。比如说,"内向"与"外向"本身是没有优劣的,要看在什么时候做什么事。

智慧的教师会教育学生扬人格之长,避人格之短。

人格,有遗传因素;品格,是后天形成的。

品格，有好有坏，但都是塑造出来的。品格的形成与学生的认知能力有很大的关系，与他遇到什么样的老师有很大的关系。教师对学生的品格评价要用激励性语言，因为他的品格正在形成中，他是学生，是孩子。

教师的评语要客观、公正、个性化。

批评也好，表扬也好，如果书面语言说不清楚，最好跟学生当面说，学生一定会感激你。有些评语如果自己拿不准，可以先跟学生交流，听听他的意见。客观、公正的评语学生一定能接受。这一过程，也是他们学习为人处世的过程。特别是批评性的评语，一定要个性化，一定要就事论事。如果不适合写在纸上，教师就应该采取面对面的批评方式。

期末评语的阅读对象首先是学生，然后才是家长。

或许，今天的评语，是学生全家人的晚餐。

老师，您的评语，就是您的人格，更是学生的未来。

您的评语里，预示着学生的无限可能。

我们持之以爱、持之以善，我们的学生才能持之以恒。

成年人本应该消化焦虑，
却把焦虑砸向了孩子

孩子的心理问题主要是由家长带来的

为什么这么说？第一，成年人固有的概念认知会伤害到孩子。比如，我经常听到这样一句话："我们家孩子什么都爱，就是不爱学习。"这句话本身就有矛盾，"什么都爱"就不是学习吗？这是把广义的学习与狭义的书本知识的学习对立起来了。如果我们对"学习"的概念认知是错误的，那么即使孩子已经在学习了，我们也看不到。其实，概念是随着社会的变化而变化的，但我们成年人感受不到这种变化或者不承认这种变化。第二，成年人本应该自我消化焦虑，可他们却把焦虑转移给了孩子。比如孩子学习成绩下降了，这本来是十分正常的事情，但老师不这样认为，老师就把"孩子成绩下降"告诉家长,家长也不消化焦虑,把焦虑转移到孩子身上:责怪孩子,把所谓的目标强加给孩子。

要爱孩子,保护孩子安全地、正常地长大,才是成年人的第一责任。

关注比数据更重要

我认为,"抑郁"这个概念本身的边界就不清晰。"抑郁情绪"和"抑郁状态"之间也没有明显的边界。比如抽样调查,如果被调查者自己本身与抑郁无关,那么他填写的数据也就随意性很大,就没有研究价值。如果被调查者自己本身就是抑郁症患者,除非调查者对他有较长时间的跟踪(几个月或者一年),假设时间很短,比如只有一两天,获取的数据也很难精准,也不具有研究价值。所以,我认为如果不是十分严谨的数据,对学术研究也就没有什么参考价值。如果由权威机构提供这样的数据,那甚至是有害的。青少年抑郁症患者不管是百分之几还是百分之几十,这个基数都是很大的,都意味着一个很大的群体正在饱受抑郁症的煎熬。

成年人对抑郁症的恐惧与无知比青少年得抑郁症本身

更可怕。所以，不管青少年抑郁症的比例是多少，我们都应该努力地关注他们，研究他们，帮助他们。

　　成年人焦虑了，不是去消化焦虑，而是把焦虑转移给孩子。学校的焦虑，往孩子身上砸。父母的焦虑，往孩子身上砸。家校共谋一起砸，这对孩子是不公平的。

　　我们太高估孩子的承受力了！——孩子由拼命，到呼喊，到抑郁，到彻底躺平，这可能是成年人共谋的结果。

我是为孩子好，孩子为什么不听？

常有人说："我说的话，孩子为什么不听？"并且给出了很多理由——

"我是老师（或者家长）。"

"我讲的话是对的。"

"我是为孩子好。"

…………

其实，这些理由都不是孩子"听"的理由。孩子"听"与"不听"，与我们讲的话"对"与"不对"基本上没有什么关系。

如果我们在"讲"之前，没有给出孩子"听"的理由，那么，孩子为什么要"听"呢？

孩子关注的不是我们讲的话"对"与"不对"，而是——

1. 谁在讲话？

"我们"与孩子的关系决定了孩子"听"与"不听"。

如果我们与孩子是彼此信任、彼此需求的关系，我们讲的话，孩子肯定会关注，会思考。

孩子是你的孩子，孩子是你的学生，但这都不是孩子"听"的理由。因为，亲子关系、师生关系有时也是对立关系，甚至是水火不容。

怎么跟孩子建立关系呢？

"倾听"很重要！

2. 什么时机讲话？

关注与需求，才是讲话的最佳时机。

带着情绪讲话，基本上是吵架或者冷战。孔子说："不愤不启，不悱不发。"也是提醒我们讲话的时机。如果孩子发现"讲"的目的是锁定"错误"，锁定在"改正"，聪明的孩子才不会去背别人编好的台词呢。

3. 为什么要讲话？

有的人讲话，是一种自我发泄，或者是表达一种自我存在，根本不会去关注讲话的实在意义。有的时候讲话基本上只是唠叨。

孩子是感性的。只有当孩子感觉到我们讲的话关乎他的现在，关注他现在的感受时，才会确认与"我"有关。

否则，你刷你的存在感，与孩子有什么关系？

为什么有的孩子爱玩手机?

玩手机会影响学习吗?不会。

通过十几年的研究我发现:不是因为玩手机才学习不好,而是因为学习不好才玩手机。

先看一个案例。2014年7月,丑小鸭中学办学刚刚满三年,上海真爱梦想公益基金会给我们建设了梦想教室,20块平板电脑是教室里最重要的装备,这也是丑小鸭中学办学以来的第一间网络教室。梦想教室建成后,几乎每个晚自习都有学生在这间教室里自由上网。从此,我有了很多小网友。那时候我带初三语文,我在QQ学习群里和学生一起批改作文。那一届的9位学生收录、整理了我在网络上的一些教育随笔,出版了《丑小鸭校长与白天鹅孩子》。出这本书他们只用了7个月时间。这9位学生全部是网瘾孩子,出书后他们都很兴奋,说:"现在想起来,玩电游太幼稚太无聊了。"

但是，有很多家长抱怨疫情期间，孩子在家上网课，偷偷玩手机，导致学习不好……

什么叫作"学习不好"？

学习带来的存在感和满足感受挫。师生关系、同伴关系、亲子关系改变。

所谓关系，就是跟谁在一起的问题。好的关系，就是"在乎"。不好的关系，就是"不在乎"。人是关系的动物。当一种关系"不在乎"，就必然去寻找另一种"在乎"的关系。

玩是为了满足这一种"在乎"的关系。那么，为什么是玩手机而不是玩别的呢？我好友的孩子在长沙某重点中学上学，孩子的妈妈也因为孩子玩手机而闹得亲子关系紧张。不过孩子的学习成绩一直非常好。有一次，我跟孩子交流："每天的作业都可以做完吗？""可以。完成了作业，没事干，就玩手机了。"孩子非常自然，也非常自信地回答我。"你为什么就不玩别的呢？比如打球呀，跟妈妈聊天呀。""我们这个小区没有活动场地。在学校里，放学后球场上也空荡荡的，我也不好意思去打球——我担心老师看到我打球说我不爱学习。尽管这个小区住的基本是在我们学校上学的同学，但他们放学回家后都在家里做作业不出门。我也想过跟妈妈聊天，但聊不来，她就只是天天盯着我。"孩子非常无奈的样子，"玩手机随时可以玩，随时可以放下。很方便，挺好的呀。""你觉得不会上瘾？不担心哪一天会放不下？""可能会吧……但现在也不想太无聊。"孩子毫不掩饰地回答。是呀，学习之余是需要休息的。孩子用什么方式休息呢？家长、学校考虑过吗？

有没有一种比手机更好玩更方便的东西呢？肯定有，目前在科学层面还找不到比手机更适合的东西，但在"关系"层面，比手机更有意思的东西就多了。成年人在乎的是有意义，孩子在乎的是有意思。在孩子的眼里，手机仅仅是一个可以随时拿起随时放下随便处置的玩伴而已。断网、砸手机，是最愚蠢的做法。孩子本来就没有玩伴，现在父母又要"砸死"这个新的玩伴，这不是把孩子逼上绝路吗？

假期里，孩子为什么爱玩手机？如何对待？

放假了，一些家长看到孩子玩手机就焦虑了。那么，我们应该问自己：孩子不玩手机，玩什么？还有什么比手机更好玩的？

手机为什么好玩

为什么孩子爱玩手机？因为手机好玩——至少比和爸爸妈妈在一起好玩。人，是关系的动物。人不可能离开关系而存在。现实生活中的关系如果开始冷淡了，虚拟的网络关系自然而然就建立了。人，是感觉的动物。特别是电子产品出现以后，人更是在乎内心感觉上得到了什么而不是现实中得到了什么。现实中难以得到的东西，电子产品里可以立即实现。比如，获得感与存在感，在手机里就非常容易得到。"玩手机"，其实是玩手机里的程序。反过来说,就是玩家被手机里的程序控制了。关键词——被控制。说白了,网络产品都是从"控制"出发设计出来的。孩子为什么爱玩电子游戏?因为电子游戏有几大吸引力:(1)互动;(2)平等;(3)有参与感(注意,"参与感"特别重要);(4)没有权力;(5)由游戏规则说了算而不是由哪个人说了算;(6)可以随时得到客观的评价;(7)努力了就有好的结果。

手机能不能玩

手机是先进的互联网时代最具代表性的工具。时代越先进,人就越自由。所谓自由,是选择,而不是被选择。一个完整的人,就是一个自由得不被选择的人。如果一个孩子连手机都不玩了,那十有八九是有病了。当然,手机是把双刃剑,但人类历史上的"双刃剑"不只是手机,还有旧石器与火……

如何做到孩子不被手机控制

1. 父母和孩子玩好了,手机就不好玩了。现实中情感与创造的体验,是永远要优于手机里的体验的。因为,人是有创造力的,而机器却只有程序。只玩手机的孩子,无疑是孤独的。假期里，要做一个好玩的父母。好玩的父母会为孩子设计一个又一个和手机游戏一样"好玩"的程序，这个好玩的程序会不知不觉取代手机里的程序。

2. 家庭里孩子的参与感特别重要。"参与"与"参加"不一样。前者是主体，是"我的事"；后者是客体，是"关我屁事"。比如，做饭。如果父母只让孩子偶尔做一下帮手，那干得好不好都不关他的事，他就没有获得感。如果从设计、采购、布置、加工、评价都由他全程参与，他的主体存在就得到了认可。再比如，旅游。"全家人跟着孩子玩"和"孩子跟着全家人玩"的设计理念是完全不一样的。任何人都有"主人"的意识与需求。你不让他做生活中的主人，他就会去做手机里的主人。

3. 跟他一起制定规则。特别说明：不是家长制定规则去约束孩子，而是一起制定规则，一起遵守规则，一起接受规则的惩罚。这样，才可以让规则从手机里走进生活中。不要相信谁可以帮你的孩子"戒掉"手机。如果真有这样的机构，把手机戒掉之后，就会得到一个呆若木鸡的孩子。

其实，很多人都不是"玩手机"，而是"被手机玩"。元宇宙——虚拟的现实要来了。到时候，大家想玩的就不是现在的手机了。如何玩？还真不知道。你来不及想，大家却已经玩得一塌糊涂。

不要让网络玩孩子

八年前,我不敢摸计算机;今天,我每周拥有两万以上的网络读者,搜索引擎里有数百条关于"詹大年"的信息,通过网络我认识了很多教育大家。

八年前,社会上把"网络""网友"渲染得如狼似虎。我总以为网络是用来"上瘾"的,网友是用来"勾引"的,再加上看到密密麻麻的键盘,就慌神了。

八年前,儿子鼓励我:"爸爸,现代技术的原则是好用、实用、高效。过了认识关,你就会发现网络太神奇了,给你带来的力量不是用倍数增长可以衡量的。"

我信了,我做了,我也服了。

移动互联网时代,家长只剩下年龄与阅历。社交工具、学习工具、娱乐工具、生活工具、生产工具、传递工具、交易工具……今天,互联网之外,几乎没有漏网之"人"了。

因为互联网提供了平等、自由地获取信息的机会，所以"闻道有先后，术业有专攻"的传统格局将被打破，家长的家庭"首长"地位也将发生动摇。感性的孩子接受外界信息的能力比家长更强，速度比家长更快，积累比家长更多，家长的优越条件只剩下年龄与阅历了。

我认为，随着互联网革命的深入，规则意识、学习意识、共享意识，会与互联网一道植根于人们的内心。传统的单一的学科也将被淘汰，学习将变得更加自由、个性。

人们被大数据控制着，极自由又是极不自由的。网络是一把双刃剑，剑柄必须在家长手里，家长必须是剑道高手。网络"害"了不少孩子，但都不是网络高手的孩子。

智慧的家长，不会禁止孩子上网，而是与孩子一起成为网络高手，让网络乖乖地服务于自己。

用互联网思维，培养一个有用、有趣、有情怀的孩子。"利他"，是互联网思维的核心。在保持自己个性的同时，千方百计发现他人的个性，帮助他人彰显个性。互联网玩的是智慧，而不是知识。知识是专属的，智慧是通用的。互联网产品的共性是有用、有趣、有情怀，这也是对现代人的要求。

不懂互联网，你没有资格说"网瘾"。因为害怕"网瘾"而断绝网络是一种愚昧之举。

孩子玩的其实不是手机,而是孤独……

    小强是单亲妈妈抚养的孩子。妈妈是个企业家,很忙,很少有时间陪小强。小强上小学时成绩很好,也很乖。初一的第二学期,小强的成绩没有小学时好了。妈妈开始注意小强成绩"退步"的情况,正准备找时间问一问小强。那一次,妈妈下班回家发现小强在玩手机,认为这就是小强成绩下降的原因,便赶紧制止小强玩手机。小强没有及时放下手机,强势的妈妈便夺过手机当场砸了。小强躲进自己的房间上网,妈妈就把网线拔了。小强说:"我去睡觉,总可以吧?"妈妈把小强从房间里拉出来,把房门也关了。小强就躺在了客厅的沙发上,啥也不干了。这一躺,就是7个月……

    问题出在哪里?妈妈的每一步都在伤害孩子的主体人格,并且程度在步步加深。孩子不是因为玩手机而学习不好,而是因为学习不好而玩手机。因为,"学习不好"的实质是没有成就感,孩子与学校生活的关系开始断裂。妈妈应该帮助小强找回成就感,修复与学校的关系,但妈妈没有这么做。

孩子去上学是为了成就感和友谊,而不是因为"爱学习"。成就感和友谊才是孩子的主体价值。一旦他在上学的过程中得不到这种价值,他就会从其他途径获取这种价值。这种途径可能是家庭,可能是社会,更可能是其他工具——比如更简单、更随意、更没有风险的手机。其实,孩子玩的根本就不是手机,而是存在感即主体价值。"砸手机"只会破坏他此时此刻的主体价值,所以大概率会引发情绪失控。

这个问题如何解决呢?给孩子选择好的环境。好的环境,才有好的关系。好学校不一定等于好环境。现代的所谓"好学校"都是以满足共性需求作为评价标准的,但孩子是个性的。事实证明,很多好学校会对一些孩子造成更大的伤害。对个性化的孩子来说,好环境的重要标准是可以保护孩子的尊严,让孩子感受到自己的主体有价值。是不是有尊严,是不是有价值,由孩子的感觉说了算。

孩子,不是"孩子",在任何时候都是一个主体的、个性的人。伤害孩子的不是手机，而是孩子主体的孤独与无助。孩子玩的不是手机，而是孤独——也不是孤独，而是对孤独的抗议。拍死苍蝇的不是苍蝇拍，而是由人类与苍蝇的关系和苍蝇的智商所共同决定的。

早恋,根本不算"问题"

有一次,一位家长责备我:"我的儿子现在好像要恋爱了。"我笑着回答这位家长:"你家的桃树不是因为种到了我这里才开花的。春天到了,种到哪里,都会开花。"春风徐来,花儿自开。孩子进入青春期,出现恋爱现象是正常的。"早恋",其实是个不必纠缠的话题。

从历史的角度看所谓的"早恋问题"

据记载,王昭君、杨贵妃、慈禧都是16岁入宫的。按照《礼记》所规定的男女成年标准来理解,古代嫁娶年龄一般标准是男20岁、女15岁。但各朝代有异,如唐代,"男十五、女十三以上,得嫁娶";明代,"凡男年十六、女年十四以上,并听嫁娶"。甚至古人有的早在13岁就结婚了!而明代,如果女孩子在15岁还没有嫁出去,是违法的。因为古代人认为整个社会人丁缺乏,生产和戍边就得不到保障,所以很多朝代对古代女子结婚年龄都有详细规定,甚至有强制出嫁政策。

中华人民共和国成立后为控制人口,提倡晚婚晚育,法定结婚年龄规定男不得早于22周岁,女不得早于20周岁。人们认为"早婚"对身体发育、工作学习等不利,所以"早恋"也就同样被禁止了。

据说,"早恋"这个概念,只有中国有。2019年我在欧洲访问,我到过的那几所学校,都是不禁止学生谈恋爱的。我们的翻译是个28岁的中国姑娘,她8岁随父母一直在乌克兰生活。我问:"乌克兰的中学生可以谈恋爱吗?"她回答:"学校从来没有禁止学生谈恋爱的说法。谈与不谈,都是自己的事,跟学校没有关系。我们读中学的时候好像全班女同学只有两三个没有谈恋爱的。学生谈恋爱都是公开的。"我也就学生谈恋爱的问题问了乌克兰巴甫雷什中学的校长德尔卡琪女士,她回答:"学校不禁止学生谈恋爱,但在学校不可以结婚。有些学生中学毕业就结婚了,因为他们在学校就已经谈得很成熟了。"

从现实生活中看所谓的"早恋"问题

1. 哪些孩子可能容易"早恋"?

我的经验,容易"早恋"的孩子是:(1)漂亮的孩子;(2)聪明的孩子;(3)出众的孩子;(4)家庭经济条件较好的孩子;(5)家庭功能不健全、缺爱的孩子;(6)生长发育、感情成熟比较早的孩子……

2. 家长担心孩子"早恋"并非是担心问题本身,而是担心此问题的严重后果及不良影响:(1)早恋分散精力,影响孩子的学习与发展,会毁了孩子的前程;(2)过早的性生活（尤其是女孩子）会对孩子的身体带来伤害；(3) 孩子不能承受失恋带来的痛苦。家长心目中的"早恋"，应该是这样的：我还没有批准，你就恋爱了。

3. 我们在看待所谓"早恋"问题时的误区有哪些？

（1）把孩子的"早恋"问题看成是道德品质问题，与成年男女的"私通"关系看成是一码事，认为是可耻、低贱的事！这种认知会导致孩子产生心理阴影。其实，任何一个孩子的初恋都是十分美好的事情。

（2）百般阻挠、打压、窥探、跟踪，千方百计地从孩子的日记、短信、电话、微信以及同学好友等方面搜寻相关"证据"。实际上这些做法不仅无用，反而会导致亲子关系恶化，严重的可能导致孩子双双出逃，甚至殉情等。

（3）幸灾乐祸。不少父母都希望孩子的"早恋"失败，让孩子失恋，从而证明父母的先见之明——这样的坏事情怎么可能成功呢？

（4）父母认为"早恋"就等于过早开始性生活。害怕孩子过早开始性生活，严重伤害孩子身心健康。其实，我们成年人忘了，自己在青春期也曾"早恋"过，很单纯美好的感觉呀，很多只是单相思，希望或者喜欢两个人一起上学、玩耍、读书、聊天而已。当然，在今天网络时代的影响下，可能会有不良后果。

其实，从人的成长过程来看，"早恋"并不一定是坏事，它也是人生的一种经历，是一种经验和体会的积累，如果能够正确引导，它将有益孩子身心健康的成长。我认为，恋爱本身是没有"失败"的概念的。

4. 孩子为什么会"早恋"？

（1）生理发育的必然。我们应该承认，孩子的早恋首先是由身体荷尔蒙激素的分泌带来的必然结果，孩子在身体发育开始进入青春期时，对异性必然会产生兴趣。

（2）爱的需求和爱的能力之间的矛盾。孩子们身体发育成长，对异性的好奇与交往的需求，是生理属性需要。他们缺乏爱的能力、爱的智慧。这不是靠禁止"早恋"就可以解决的。有位心理学家说："成熟的身体加上不成熟的大脑就等于青春期！"青春期就是"性的待业期"，非常形象、准确。

（3）社会观念的开放，加上各种媒体尤其是网络的推波助澜，性渲染无孔不入，恰恰符合孩子的身体发育需求和心理上对异性的好奇。

（4）孩子对"爱情"和"性"的认知态度和上一代人相比发生了改变。今天社会的信息化发展，使得孩子对爱情和性的认识与理解不同于成人。

（5）同侪团体的压力。比如说，没有男朋友（或者女朋友）被认为没有面子。现在，没有恋爱或者失恋了叫"单身狗"。

（6）家庭关系不和谐。亲子关系亮红灯时，孩子在家里没有安全感，缺乏被关爱、被理解、被保护的感觉，使他们从家庭以外的空间去寻找、去满足。当孩子的同伴关系发生改变时，当孩子觉得有些问题和父母不好沟通时，当孩子觉得自己被忽视时……他们会向平时要好的异性倾诉，寻求被关注的感觉，这都可能发展成恋爱关系。

如何把握对待"早恋"问题的"度"

1. 保护，而不是放任。

没"早恋"的孩子，防止"早恋"比较简单。有过恋爱经历的孩子，要"断恋"是困难的。特别是有过性史的孩子，更是难以自拔，除非是受到过伤害。所以，面对现实，教给孩子保护身体的方法，非常重要。还要让孩子知道：有困难，找爸爸或者妈妈。另外，男孩女孩私密的情景空间往往会导致"早恋"。这一点，家长要特别注意。

2. 提醒，而不是讥笑。

孩子一旦恋爱了，不要讥笑他们的爱情，因为在孩子看来，他们的爱情是神圣而美好的。他的女朋友或者她的男朋友都是符合对方审美价值的，是最佳选择。要告诉孩子对生命负责，对对方负责，还要准备承受失恋的痛苦。因为恋爱只有两种结果，其中一种就是失恋。孩子一旦失恋了，我们要用拥抱的方式帮助他疗伤。

3. 转化，而不是抑制。

青春期的情欲是可以转化的。青春期，除非孩子自卑，大部分女孩都喜欢展示自己美的一面，男孩特别喜欢展示自己阳刚的一面。体育、艺术、健身、表演、创作、奔跑等，都可以满足他们的这些欲望，还可以减少他们胡思乱想的时间与空间。鼓励孩子参加社团、公益活动对青春期情欲的转化十分有效。

另外，对"早恋"问题的教育具有隐私性和独特性。情感来得慢，去得慢；情绪来得快，去得也快。每个孩子对待感情的认知态度与驾驭能力不一样。家长一定要先保护孩子再消化情绪、处理问题。家长要特别注意，辨别孩子的情感与情绪，把握好处理情感、情绪的时机与分寸。处理不好，有可能会伤害到孩子的生命。

让孩子此时此刻的生命状态是最好的——这是我们对待"早恋"问题的底线。

性教育：孩子已经过河了，我们却在摸石头……

那天，一位北京妈妈向我求助。

"詹校，我儿子刚刚 12 岁，我发现他最近在看黄片。我很着急，想讲又不知道怎么讲……"

我说："你可以给孩子直截了当地讲男孩与女孩的生理、心理差别，也可以讲自己青春期的心理困惑，也可以讲爸爸妈妈的爱情故事，还可以给孩子看一些青春期性教育的教材。"

这位妈妈说："才 12 岁呀，讲这些不会影响他的成长吗？是不是太早了？"

我说："孩子都已经过河了，你还在摸石头？对孩子进行性教育就是让孩子成长呀，怎么会影响成长呢？"

其实，孩子对自己的性别认同在三四岁就比较清晰了。

青春期的到来，荷尔蒙的分泌，让孩子出现性冲动，这是正常的生理发育过程。

春天来了，花要开了。对孩子的性教育，宜早不宜晚，只是各个阶段的内容不同而已。

9年前，我接收过一个女孩，13岁，怀孕6周，因为宫颈重度糜烂，人流手术都无法进行。

我了解到，女孩9岁时，父母离婚了。父母、学校从来没有对孩子进行过性教育，女孩的性知识是从电脑里查到的。12岁时，女孩就跟男友同居了，这是第二次怀孕。女孩不以为然："这有什么！我们班上几个女同学都做过药物流产了。很简单的，吃药就行。"女孩根本不知道，宫颈糜烂，做手术随时都有生命危险，"吃药就行"的后果不堪设想！

人都有好奇心。青春期孩子的荷尔蒙分泌，让孩子焦虑、好奇，甚至恐惧。这是孩子生长的必然过程，不可回避，不可压抑。青春期孩子对性的好奇，与邪恶无关。

孩子的问题不是学习问题，而是关系问题

孩子的问题不是学习问题，而是关系问题。关系问题是所有问题的源头。

为什么有的孩子因为学习而焦虑？

为什么有的家庭因为学习而崩溃？

为什么有的孩子因为学习而人格解体？

学习的本质是什么？

孩子的本质是什么？

问题的本质是什么？

决定孩子学习状态的，不是老师，不是父母，也不是他自己，而是关系。

有些家庭看似很幸福，但为什么不会给孩子带来幸福呢？有些学校自称是"名校"，为什么不能带给孩子存在感呢？

到底什么是家庭？什么是学校？

有些家庭看似有家庭的结构，但没有家庭的功能。有些学校看似有学校的结构，但没有学校的功能。

只有适应孩子生命需求的时候，"功能"才会有真正的价值。

孩子为什么玩手机？原因只有一个——现实生活中的关系被破坏。

如果你让孩子不玩手机，方法很简单，重新建构现实关系，重新让他在现实中找到他的价值。单纯禁止玩手机，是没有用的，也是不行的。

教育就是多给生命一条路——一条可以玩下去的路。

丑小鸭中学招聘教师最重要的是四个字——爱笑，会玩。为什么？因为只有"爱笑"，孩子才会跟你玩；只有"会玩"，你才可以玩下去。

给他时间，给他对的机会，给他错的机会。教育会自然发生。

好的课堂并不是把知识记住了，好的课堂是让学生真正进入学习状态，让学生感觉到自己的主体存在。

教育是一种成全，彼此的成全——成全孩子，成全自己，成全生命。

教育是不知深浅的探索，不怕牺牲的投入，不计后果的信任，永不放弃的执着。

决定孩子学习成绩的不是家长，
不是老师，也不是他自己……

我随机调查过昆明丑小鸭中学20名曾经厌学、失学的初中学生：80%的学生父母是本科以上学历，75%的学生曾经在名校上学，70%的学生曾经学习成绩非常好，各方面表现都很优秀。在这20名学生中，有5名学生都曾经是学霸，进入初中后突然宣布"不上学了"，并且都被诊断为患有抑郁症。从逻辑上分析，曾经是学霸的这些孩子，智商没有问题，学习态度没有问题，学习目标也没有问题……那么成绩突然下降，甚至逃学弃学，问题到底在哪里呢？我分析了很多案例，发现决定孩子学习成绩的不是家长，不是老师，也不是孩子自己……而是，关系！

再来分析一下北大吴谢宇弑母案，这位出身教师家庭，被保送到北大的吴谢宇，是各方面都很优秀的孩子。在父亲病故后,吴谢宇发现母亲的存在没有意义——母亲对他的过分依赖关系变成了一种累赘。杀害母亲后的吴谢宇由原来的乖乖儿变得无恶不作。为什么?吴谢宇父亲病故后,原有的家庭关系发生了变化。因为没有实现母子分离,与母亲变成了一种你死我活的恶性共生关系。关系问题是所有问题的源头。很多孩子遇到的问题的表象是学习问题——成绩下降、厌学、逃学、弃学,但实际上是关系问题——因为人际关系发生改变,原有的信任关系、依赖关系、需求关系也随之改变。关系是教育之始,好的关系才是好的教育。关系是教育之终,教育的价值就是建立关系——人与自己、与他人、与自然、与社会的关系。

决定孩子学习成绩的不是家长,不是老师,也不是他自己……而是,关系!

关系问题是一切问题的根源。

第三章

对身边的孩子好一点

§

当不知道怎么做的时候,

当这个问题不能解决的时候,

第一信条,就是保护生命,

让他好好地活着,让他开开心心的。

以后会有路的,

说不定这条路是他自己悟出来的,

说不定他哪一天能得到一种帮助……

厌学：一头是成年人的焦虑，另一头是孩子的需求

小杰初中毕业后考了一个好高中，妈妈原计划在暑假带着孩子去旅游，没想到本该9月1号开学的高一在8月初就开学了。妈妈很无奈："抢先开学嘛，很多学校都是这样，不能接受也得接受。"是的，人家都趁着暑假"弯道超车"，咱自己的弯道也不能留给别人呀。剧场效应——别人站起来了，自己不得不站起来；别人还没有站起来，自己得抢先一步站起来。看得出，小杰是一个好学的孩子，但父母和老师还是担心他哪一天会"厌学"。焦虑啊，担心小白兔睡觉的时候被乌龟超了。成年人不能消化这种焦虑，就把焦虑转移到孩子身上，驱赶着孩子，让他们"弯道超车"。

那一天，在我公众号发布的文章后面，有这样的留言：

"詹校长,你说的这些我都赞同。然而,到了后面的高考,该如何解决呢?高考这个环节没有打通,就成了空谈了!目前,全世界能解决这个问题的国家也不多吧……"

我非常理解这位留言的朋友。他讲的都是事实,但他传播的也只是焦虑。他认为,学习只是为了"打通"高考环节。其实,"高考环节"根本就不是学习打通的,而是大学录取率打通的。学习本身,只是一种生活方式,或者说是一种消遣人生的方式。如果你一定要把学习当成一种"打通××"的工具,那就是自恋幻想了。很多人就在这样的自恋幻想中纠结,焦虑一生。

很多时候，我们不能自我消化焦虑，却把焦虑直接施加给孩子。厌学、网瘾、早恋……这些折射出的都是父母的焦虑——不是厌学、网瘾、早恋本身，而是厌学、网瘾、早恋给父母带来的不安。

孩子为什么厌学？是因为学习没有获得感，学校没有安全感。孩子为什么有网瘾？是因为现实的人际关系被破坏，用虚拟的网络关系来弥补。孩子为什么会早恋？春天来了，花儿要开了……

这些"问题"，其实都只是孩子的生命需求，但我们因为焦虑而忽视了这些需求，并把需求当成了"问题"。这些"问题"，有些是孩子遇到了问题但他们无力解决，有些是生长规律而我们却茫然不知。

我们不是去满足需求，而是把需求当成问题去"解决"掉。饥饿了，不是想办法去找食物，而是教育你"忍着点"。

对"上学"的理解,孩子和成年人不一样

十几年来,丑小鸭中学招收了三千多个"不想上学"的孩子。这些孩子,其实没有一个是真正不想上学的。人是天生的"群居动物"。孩子不想上学,只是不想面对上学带来的痛苦,比如被否定、被歧视、被嘲笑、被孤立。其实,每一个孩子都有天生的过人之处,只是我们的学校评价不能认可这些"过人之处",以致让他们没有存在感。简言之,孩子与学校的关系被破坏,单一的评价是破坏这个关系的元凶。

人是关系的动物,人不可能离开关系而存在。当一种关系被破坏时,另一种关系会自然而然地建立起来。也就是说,当现实的人际关系被破坏,虚拟的网络关系就一定会建立。所以,孩子不是因为玩手机而不想上学,而是因为不想上学而玩手机。

一些成年人遇到孩子不想上学的问题时，往往考虑的是：如果不上学，学习怎么跟得上，怎么升学？上学是为了升学，升学是为了继续上学，这是成年人的学习逻辑。如果上学仅仅是为了分数，为了升学，是完全可以在家学习的。现在的孩子，完全具备了自学的智商。现在的信息量，也完全可以提供孩子所需要的学习资源。

孩子不一样，孩子上学是为了找玩伴。有了玩伴，才好玩，才不孤独，也就不知不觉长大了。玩伴，就是关系，就是自由，就是无忧无虑。如果不是这样，孩子为什么要上学呢？

所以，如果成年人把上学的目的锁定在学科学习上，而分数、升学又是评价上学的唯一尺度，这与孩子上学的目的完全不同，那孩子为什么要上学呢？成年人是理性的，孩子是感性的。上学，在成年人眼里是一种理性的行为，在孩子眼里是一种感性的行为。完整的教育，必然在多元的教育环境中发生。顽强的生命，必然在多元的生命群落里生长。

"青春期+抑郁"正在折磨一些孩子

一直想写写青少年抑郁症问题,动笔几次都放下了,因为我只是一位老师,我对抑郁症的认知非常有限。在很多人眼里,抑郁症是病,学校是教育机构,不是治病的地方。近年来,有些记者来丑小鸭中学采访时,看到一些被诊断为抑郁症的孩子毫无抑郁症的影子,希望我写一写治愈孩子们抑郁症的一些情况,都被我婉拒了。因为我认为这样的报道会引发不必要的麻烦,但是我还是没忍住,想谈一谈抑郁症的问题。这只是一些思考,当然还有一些行动。青春期问题本来就让孩子迷茫无助,加上抑郁,更是让很多青少年被误解、被排斥、被淘汰、被放弃,以至自生自灭。

到底多少孩子有抑郁症

我看过很多关于青少年患抑郁症的数据，是触目惊心的。丑小鸭中学10多年来一直在接收患抑郁症的孩子，前几年多达30%。绝大部分孩子在丑小鸭中学能够"不小心"被治愈。个别孩子因为家长的放弃而让学校无能为力。

关于"抑郁"

所谓抑郁，简单说就是"宝宝不开心"。"抑郁"分为三个层次：1. 抑郁情绪——偶尔抑郁，这是谁都有过的正常状态。2. 抑郁状态——经常抑郁，这就有点不对头了。3. 抑郁症——持续抑郁，是一种病。抑郁症，有间断性，有危险性。

从丑小鸭中学帮助过的数以百计的抑郁症孩子的成功案例分析，青少年的抑郁症是可以治愈的。

筛查（诊断）"准"吗？

筛查（诊断）结论是否准确，跟以下几个方面有关。

1.筛查（诊断）者的主观判断。2.筛查（诊断）者的业务能力和工作态度。3.疑似患者接受筛查（诊断）时的情绪及体质状态。4.疑似患者的关系人（比如父母、老师）对疑似患者的情况描述的准确性和客观性。5.疑似患者的关系人的情绪和对疑似患者的情感。所以，"主观"会影响筛查（诊断）结果的客观性。

"筛查"与"诊断"有什么不同

个人认为，"筛查"类似"排查"，比如安全排查，就是要在大家认为貌似安全的地方把不安全的因素找出来。"筛查"还类似"筛选"，就是用工具把貌似相同其实有区别的东西分离出来。诊断，是一种主动求医的行为。患者或者家属愿意接受诊断的结果。诊断的医生是专业的、负责的。筛查，是一种被动行为。或许，这种筛查有强制性。筛查人员是不是具备专业医生的素质，筛查工具是不是科学，很难说。诊断的下一步是治疗，筛查的下一步是什么呢？

被筛查出抑郁症之后

孩子方面：受暗示，逃避责任，无视规则，或者会对自己失去信心。家长方面：心理压力大，会把焦虑带给孩子，让孩子更加"抑郁"。学校方面：安全压力大，也许有个别学校、个别老师会排斥孩子。

"问题孩子"很多就是抑郁的孩子

2011年昆明丑小鸭中学开办以来，专门帮助青春期不适应传统教育的"问题孩子"。我们发现，逃学、逆反、网瘾、逃避、冷漠、离家出走……这些问题表象的背后很多是因为抑郁带来的。很多孩子的问题不是行为习惯问题，更不是道德品质问题，而是教育环境造成的心理抑郁的外化。我认为，所谓的"问题孩子"不是孩子本身有问题，而是孩子遇到的问题不能解决。所以，帮助"问题孩子"，首先是要帮助孩子解决问题。十多年来，我发现"问题孩子"大多是有抑郁情绪、抑郁状态或者抑郁症的孩子，这些问题都是由教育环境造成的。"问题孩子"是问题的承受者，成年人才是问题的制造者。"问题孩子"是弱者，不应该被边缘化。探寻生命真相，满足生命需求，是教育者的信仰。医者仁心，教育者，也是医者。

抑郁症的病源

据说，19世纪是结核病的世纪，20世纪是肿瘤的世纪，21世纪是精神病的世纪。抑郁症问题可以溯源到生物学、心理学、教育学、社会学。通过对数百位患抑郁症孩子的分析，发现造成孩子患抑郁症的根源主要有以下几个方面。1. 家长会把对生活、工作的焦虑带给孩子。2. 成年人相信潜规则又向往规则的意识会传递给孩子，最后让孩子不知所措。3. 单一的教育评价。我们把孩子的成长锁定在学习，把学习锁定在学科，又以分数来评价学习状态。最后，关注孩子变成了关注分数，评价孩子的成长也变成了分数量化。4. 单一的学习生活空间，特别是家庭—学校的两点一线，不利于孩子广泛、多元地接收信息。5. 价值观被灌输，孩子的主体意识越来越弱，怀疑生命存在的价值。6. 孩子生长发育的营养跟不上。7. 运动时间少，肢体力量缺乏或者肢体运动不协调。8. 大脑发育问题。

"治疗"抑郁症的方法

十多年来，丑小鸭中学"不小心"治愈了数百位患抑郁症的孩子。有治疗抑郁症的一线医生认为：对一些患抑郁症的孩子来说，药物治疗是无效的，甚至只有副作用。"物理治疗+教育"是一条特别可行的路。丑小鸭中学帮助患抑郁症孩子治愈的方法有以下几点：1. 无病假设的暗示。2. 自由、轻松、平等的生活环境。3. 每天不少于3小时的阳光下的集体活动。4. 随时获取的个性化帮助。5. 符合个体需求的习惯养成。6. 规则意识的建立，让孩子守护规则，让规则守护孩子。7. 平等、无障碍、无恐惧的对话。8. 健康饮食与辅助食品。每天三餐一点，对体质相对较弱的孩子辅以益生菌等健康食品。9. 适当的药物治疗。

我十多年来接触了数以百计的患抑郁症的孩子。我认为，患抑郁症并不可怕。可怕的是对抑郁症的无知、误解、恐惧与冷漠，可怕的是成年人对抑郁症的焦虑与无助。青少年的抑郁症是可以治愈的。环境造成的疾病得依靠环境来治疗。

行动起来

目前，抑郁症是影响青少年生命的头号杀手。我们应该行动起来——一线医生、脑科学专家、心理工作者、教师、公益机构……各方力量联合起来，以我们的实践告诉大家：1. 保护生命，关爱、保护、帮助抑郁症患者。2. 抑郁症并不可怕。3. 抑郁症是完全可以治愈的。

如何应对青少年自伤、自残、自杀……

这是一个最沉重的话题,也是一个最有价值的课题。教育的首要任务是保护孩子生命和教给孩子保护生命的意识、智慧和能力。教育的价值在于让生命自由而丰满。离开此,教育毫无意义。

青少年轻视生命、放弃生命的理由——生命被控制。预防、处理青少年自伤、自残甚至自杀的问题,并不复杂,但需要用心去把握。青春期的孩子情绪容易激动、烦躁,控制不好,就会出现自伤、自残甚至自杀。

如何区分自伤、自残与自杀

三者关系密切,程度依次加重。

1. 自伤。目的是为摆脱某种情绪或者获得关注。通过对身体的刺激减轻心理痛苦,其本身是低致命的,但是如果没有得到关注和帮助,程度可能会步步加深,导致自残甚至自杀。

2. 自残。通过伤害身体留下某种记忆。

3. 自杀。是因为心理极度痛苦,想活但活不下去,希望用结束生命的方式结束心理痛苦,因此是非常危险和致命的。

自伤问题

从很多真实案例来看,这一问题需要父母的高度重视。据调查,青少年中有自伤念头的比例很高,还有不少孩子有过自伤行为。我在一所学校做过调查,有近三成的孩子有自伤的伤口,有的孩子甚至有多次自伤行为。这很危险。

1. 自伤:一是为减轻心理痛苦而进行的,是主动的而非被动的;二是低致命;三是影响自身身体发育和健康。

2. 自伤的病理因素:为摆脱不愉快的某种痛苦情绪和感受;获得关注;对痛苦、轻视、敌意等的发泄;精神状态、生理或者心理神经系统的问题;提醒自己……

3. 自伤的诱因:童年期遭受或者目睹来自家庭或外部的暴力袭击;儿时受到身体虐待;因群体感染或者自身孤独获得自伤的快感;无效的家庭环境(父母没有承担起各

自的责任，遭受他人嘲讽、误解、排斥等）；同性恋是导致自伤的一个重要因素；受小说、游戏、影视等影响，悲情意识太重……

自伤有两类情况，第一类是为了摆脱某种情绪的自伤，有两个特点：会在不易被发现的时间、地点自伤；掩饰自己的情绪，表面放松平静，不会让人看见伤口。第二类是为了引起关注或者阻止某事发生（如父母离婚），表现一是会在大庭广众之下公开进行，"我要自杀，不活了……"；二是情绪激动，场面吓人；三是故意展示伤口给有关的人看。这些情况我们一定要关注到，否则下次程度会更严重。

比如，孩子自伤的目的是为了引起妈妈的关注，妈妈在场时孩子就有意无意地把伤口露出来"给妈妈看"——是你伤害了我，你惹恼了我，我恨你。因此，父母和老师需要特别注意观察。

4. 遇到孩子自伤怎么处理？

第一，我们应该这样做：平静、关心、中立、倾听、接纳、帮助、转告。

【平静】一定要非常平静，不要惊慌失措，不要夸大，不要过度反应，要低调处理。把它看成是孩子的一种表达，千万不要大惊小怪地说"你怎么割腕了！"或者责骂等。最好保持冷静！

【中立】一定要中性表达，不褒不贬，可以说"你这个部位划了一下吗？"不要问"你为什么划伤自己？"不责备，不批评，不教训。

【关心和帮助】一定不要置之不理，没反应，而要向他表示"我注意到了"，不要说太多的话。观察他的眼神，根据情况给予相应的帮助，这是正常处理的方式。同时传达给孩子的信息应该是"我随时随地都在你身边"。这样，孩子有问题时就会得到有效帮助。

【倾听和接纳】父母对孩子所有的成长方式都能无条件地接受。尤其是情绪上，不论孩子听话与否，父母在态度上都要平静地表现出"不能接受这种行为"。如果孩子情绪太激动，就想办法离开这个情景，以此转移情绪。在他情绪稳定时，再慢慢和他谈心。用各种方式如坐在一起说话、拥抱、送礼物等温暖他、关心他，也表示自己的内疚等，让孩子慢慢从阴影中走出来。

【转告与尊重】给孩子最信任的人（如班主任），中性表述转告，尊重孩子的心理。提醒他们如何对待孩子，注意观察，不要让孩子觉得自己有问题。

第二，我们不能这样做：一是不能让孩子因此感到内疚，觉得对不起父母和老师；二是不能表现出震惊与不悦，责骂与质问；三是不能公开孩子的这种问题；四是不要试图教孩子怎么做；五是不要评价这种行为；六是不要惩罚孩子；七是不要给做不到的承诺。

如何预防自伤（自残、自杀）

青少年的自伤问题皆可以预防并制止其发生。

可能提前表现出来的症状：一是自我破坏，撕扯头发或者衣物、摔东西等疯狂的行为。二是消极抑郁，做事没有精神，平日爱说爱笑爱玩的人突然变了，很难看到原来的样子！三是低自尊，比如衣着暴露，自轻自贱，说脏话，捡烟头抽烟等。四是有异常表现，如激动或者漠然的极端情绪。五是有可自伤的工具，如刀子、玻璃等多放在床头。六是同伴关系突然改变，同学之间、社会、家庭等出现问题。如果发现，首先要高度关注，父母要及时检视自己的家庭问题。与孩子一起吃饭、聊天、看电影、听音乐等，亲子之间其实没有不可以谈的事情。

总之，自伤、自残等青春期焦虑来自情感，因为情感问题带来情绪爆发。

应对策略上，第一，有效沟通，真实关注。只有通过谈判，互相妥协，达成双方共同价值取向的沟通才是有效的，或者至少要保持沟通线路的畅通！第二，鼓励孩子与同伴建立良好关系。同伴不一定学习成绩好，只要阳光积极，都可以作为同伴。孩子喜欢模仿同伴。家长要尊重孩子对同伴的选择，理性地提出自己的建议，不要绝对地认为孩子只能交往学习好的人。事实上，跟谁在一起并不重要，做什么事情才重要。对此，一定要分清界限。第三，父母一定要建立家庭内部之间的良好成长环境，家庭成员共同成长。

首先，家庭成员之间彼此能够自由表达，平等沟通，共同讨论关注的问题。尤其是情感问题，对于青春期的孩子来讲，非常关注这一问题，渴望并期待得到这一方面的帮助。

其次，让孩子在家里感觉到是安全的，不会遭到嘲笑、谩骂、轻视等。一家人共同接受教育，家庭里各负其责，而不是只有孩子需要学习，只有家长可以教育孩子……孩子犯错是正常的，不要因此责备打骂孩子，弄得家庭亲子关系不和谐。

再次，让孩子知道家里是随时都可以获得帮助的地方，让孩子知道"有问题回家一切都会解决的"。家长要学习帮助孩子解决心理问题的技巧,要在孩子青春期多关注孩子的身心,让他感觉到父母一直在关注他,善意地、温暖地关爱着他!

最后,我们需要提醒的是,生命不等于生活。肉体生命是物质的,一旦失去不可再来。而属于精神层面的生活,是可以反复变化的。生活不能承担之重,绝对不是生命不能承受之痛。用结束生命的方式解决生活问题是愚蠢的。生老病死,是生命状态;酸甜苦辣,是生活的本质。

"问题"——上帝给你打开的一扇窗

几年前,大概是开学一个月左右,在一次周例会上,我给每个老师发了一张纸。我说:"现在花5分钟时间做一个小测试——请每位任课教师把所任教班级的班干部名单写出来。"很快,很多老师交卷了,但也有老师无法交卷。写出班干部的名单,是不是考题太难了?"开学都一个月了,如果连班干部都不认识,你是以什么理由进班级上课的呢?班级是学生的领地,不认识他们的首领,他们会欢迎你吗?当然,老师可以强势进入,因为你是老师。看见孩子,才可能认识孩子;认识孩子,才可能接纳孩子。真正的教育,是从师生的相互接纳开始的。没有接纳的教育,应该是反教育。"

认识孩子,是教育发生的第一步。有不少老师是通过孩子的作业本或者成绩单来认识孩子的,有些老师是从相貌上认识孩子的,也有些老师是在交谈中认识孩子的,还有些老师是在活动中认识孩子的。其实从"问题"入手可以更加透彻地认识孩子。

刘同学因为厌学、抑郁,才被父母送到丑小鸭中学的。我第一次关注刘同学是因为他手里飞速地转着魔方。我很好奇,请他再玩一次。15秒钟!魔方归位。我说:"大开眼界!我只在电视里见过。"刘同学没说话,只是友善地笑了笑。后来,我和他谈话,他从来不会回避。有时候,看到我在操场上和其他孩子聊天,他还会凑过来插上几句。我发现,他对书法、小说都有超过他阅历的见解。所以,有时候我会不动声色地聊他感兴趣的话题。他虽然话不多,但语言非常有力,眼里透出自信的光。后来我才知道,其实刘同学有自己的选择(甚至可以说有天赋)。只是他的选择因为"另类"而不被关注,不被接纳,以至于造成人格分裂。

初二的贺同学身材高大,很多时候都是笑呵呵的,但他却经常说脏话,有时候甚至会挑衅别人,有时候喜怒无常……屡教不改。父母和一些老师甚至认为小贺患有精神分裂症。父母曾把他送到精神病院,但治疗效果不好。不"对症"怎么可能会有"疗效"呢?在一次交流中,小贺说出了他的问题:4岁起,父母关系破裂,父亲有外遇并经常对他和妈妈家暴。"我是在与父亲的'小三'的对抗中长大的。"小贺告诉我们。通过观察发现,小贺的"两面人"的性格其实是一种无意识的自我保护的方式。所以,对他的接纳、宽容和信任才是唯一的"解药"。

小佳刚刚入学时,经常跟同学和老师说他曾经受过军事训练,会开飞机,他将可以毁灭人类的新式武器早已经藏在山洞里了……有时候,他的情绪不能控制。在他"吹牛"时老师只是倾听,并不否认他。在他情绪爆发时,老师只是防止他伤害自己,并不"制服"他。这样,他慢慢对学校产生了信任感。两个多月后,小佳不再"吹牛"了,慢慢透露出以前被否定、被打压的经历。现在的小佳,几乎成了老师的"助教"。

"问题",是上帝给你打开的一扇窗——窥见孩子内心的一扇窗。

生命被控制　孩子不想活

青少年为什么轻生？

"生命被控制！孩子不想活！"——我的回答。

生命是自由的

第一，教育只为生命的自由发展服务。

从人类产生和发展的历史来看，人，是自由的，与万物和谐共处。

社会发展，天赋人权。自由、平等已经成为普世的价值观。那么，教育就担负着解放人、发现人、发展人，使人不仅物质上自由独立，更在精神上自由独立的任务。教育的意义就是要帮助人走向自由王国。

政治、经济、文化、教育，都只为人服务，为人的生命的自由发展服务。

第二，教育不是控制生命。

被控制的生命是没有自由、没有尊严、没有价值的。应试教育就是在控制生命，而非发展生命。我们可以看看很多所谓名校的开学演讲、各种各样的高考动员活动，处处渗透着对孩子生命的控制。把孩子控制在直指高考的胡同里。不仅从时间上、空间上控制，更是从身体上、精神上控制！

"周假3小时，月假2天"，甚至基本没有节假日，只有功课、功课、功课。孩子们，尤其是初中和高中毕业班的那些孩子，更是没有支配时间的自由。这些学校就打着所谓的"给孩子美好未来"的旗号在掌控孩子的生命，把孩子控制在无时无刻不在的学习、做题、考试上。生命，几乎只有考试——被别人划定的狭窄轨道线上！

如果孩子感觉不到自己有自主的权利，那他就没有自己生命存在的价值感，没有属于自己的生命尊严。试想想，就算是我们成年人，你能忍受多久？

孩子们应该从小学会自主管理，假期是和家人学习做人做事、沟通亲情的最好时间。

第三，生命的自由必须由保护生命的意识与能力做保证。

只有人人都具备自我保护生命的意识和能力，才能保证生命的自由。人如果没有抵抗暴力的胆量与力量，把生命寄托在别人的保护之中，又有何生命的自由？

我们时时教育孩子：青春期，要"敢拼"！我们是否也教育过孩子：青春期，要"敢打"？

老师和家长应该从小就培养孩子珍爱生命、保护生命、发展生命的意识和能力。

每一个生命都有尊严

第一，维护生命的尊严，就不要盲目感恩。

生命是独立的、自由的，更是有尊严的。生命不是为谁而来，也不是为感恩而来，更不是为"报答"而来。

如果一个孩子老是觉得自己愧疚于父母，有罪恶感，生活学习很无奈，他会常常生活在自责中、恐惧中。父母经常喜欢不自觉地对孩子说："你要好好学习，我们一切为了你，我们劳累，辛苦……都是因为你……"给孩子的感觉好像是，如果没有孩子父母会生活得更好、更洒脱……这样容易导致孩子觉得自己的生命卑微，有负罪感，就可能会有对生命的无助、无奈甚至放弃！

第二，不要让孩子觉得受恩有愧。

不要让孩子觉得生命卑微、罪恶、无奈；不要让孩子觉得活着就是为了报恩。否则，孩子容易成为被控制的人，就会轻视自己的生命，漠视自己生命的尊严，进而发展到无视他人的生命。

一颗种子，落在天地间，也有它的阳光雨露。土地、阳光，这些是上天应该给予生命的基本条件；食物、住所，这些是社会与家庭应该给予孩子的成长基础。如果这些都给不了，你把孩子生下来干什么？

第三，家长一定要时刻流露出生命的幸福感。

家长的幸福指数决定孩子的生命质量。父母的生命观、幸福观、生活观等决定孩子的生命意识、生存状态、生活品质。这一切时时刻刻潜移默化地影响着孩子对生命的理解和认识，影响着孩子对待生命的态度，影响着孩子对待生活学习的态度和方式。

父母对工作的抱怨，对生活的焦虑，会直接影响孩子。

历史上创造的各种刑罚，尤其如五马分尸、凌迟等刑罚，体现了对生命的极端漠视。战争剧中有打得敌人脑袋开花的镜头，场面血腥，但不少人见到这样的镜头有痛快淋漓的感觉，都是缺乏对生命的敬畏。

人人都有控制欲、攻击欲，但控制欲、攻击欲的膨胀，会让人变成魔鬼，用邪恶的手段控制人。

生命是平等的

第一，大自然的生命都是独特的、有价的、平等的。

相对自然而言，你、我、他，都是上天撒向大地的种子。

每个生命来自大自然，虽出生有先后，外在形式多种多样，但是每个生命都是独特、自然、平等的，无高低贵贱之分，都有存在的价值。人人都要尊重生命的尊严，生命都不应该受到控制。

第二，生命应该平等地获取，平等地发展。

生命意识教育是最重要的课程。教育应该尊重每个孩子的个性和规律、满足他们的需求，这样孩子才会意识到自己生命的价值，才可以让生命承载人生的梦想。

有自由，才有梦想；有梦想，才有自由。

有自由，才有真正的生命追求。

有梦想，生命永远在路上。

如果仅仅是为了所谓考高分、好名次、好学校……将来有好工作、高工资，报效祖国，报答父母……这样的生命，好累！

生命失去了自身的价值，就没有了丰盈充实的内涵！

感恩教育，不要让孩子生得卑微，活得愧疚。

感恩是一种天生的情感，不需要"懂"，但你不可以破坏它。

皇帝是百姓养活的，他说过感恩百姓吗？老师是学生支持的，他说过感恩学生吗？父母是孩子支撑的，他说过感恩孩子吗？当然，不要说，不必要说。说了，就破坏了心中那种默契。

当强者不仁而自危的时候，才需要向弱者灌输感恩，才会骂弱者"不懂感恩"。

祖国爱人民，人民就爱祖国；父母爱孩子，孩子就爱父母；老师爱学生，学生就爱老师。我说的是，真爱！

弱者受恩，不敢不爱，不会不爱，不能不爱。受恩才知恩，知恩才感恩，感恩才施恩。

哭，就是感恩？那是感受，不是感恩；那是情绪，不是情感。

只要有一定心理学知识的人，10分钟内就可以让一个正常人流泪。有了导演，有了道具，有了故事，有了场景，你能不流泪？

这个世界上没有一个人是为别人流泪的。内心的失去、内心的苦闷、内心的希冀、内心的恐惧、内心的焦虑、内心的触动……都可以通过眼泪表达出来。但专家们偏偏要把泪腺的正常分泌归结于感恩教育的效果。

感恩的效果是可以立竿见影的吗？

当孩子的眼泪可以激活感恩的市场，那是另外一种效果。在这样的表演场所，孩子学到的当然是做作。做作，是不是都已经习以为常？洗脚，就是感恩？我不知道是谁发明了这样一种感恩情景剧。不信，你去问问在大操场排练过"洗脚阵"的妈妈与孩子，他们到底感动了多久？与幸福一样，感恩是一种持续的心理状态。感恩，是强者对弱者、大地对苍生的绵延不绝的滋养。感恩，是不可以表演的。一粒草籽，掉进泥土，就应该获得属于它的阳光雨露。莫非也要让草籽们给泥土洗脚，给阳光磕头？

孩子之所以是孩子，是因为思想不独立，情绪不稳定，但生命是平等的。

假期,读一本叫"孩子"的书

孩子,是一本书,是一本父母必须读懂的书。

假期来了,我们要用这些最好的时间,读这本叫作"孩子"的书。

假期,千万不要用"假期作息时间"去控制孩子,更不要用"假期学习计划"去算计孩子。

还有一种教育叫人文。

还有一个课堂在家庭。

还有一种享受叫亲情。

还有一种气质叫从容。

假期,撕下"家长"那张生硬的面具,做一个温和的父母吧!

让孩子好好读书,你得好好读孩子。

读懂孩子,得有时间,得花时间。

读懂孩子，还得有智慧——因为，你的孩子太聪明。

自由状态下，真实的生命需求才会自然流露。

自由，比什么都重要。

把孩子带在身边，给他一个自由自在的家的感觉。

你给孩子一个幸福而完整的家，孩子将来才会有幸福而完整的自己。

这个假期，你干什么，他就干什么，就让他屁颠屁颠跟着你。

这样，他可以了解真正的家庭生活，可以理解真实的父母人格。

你呢？也可以把握孩子的成长需求，可以融洽真切的亲子关系。

你所希望的沟通，你所希望的感恩，你所希望的成长，等等，都将会在朝夕相处的过程中发生。

当孩子离你越来越远的时候，你还相信"弯道超车"的价值吗？

你的孩子长大以后，不一定是省长，不一定是县长，也不一定是厂长，但一定得做家长！

还有，如果家里都不能培养习惯，你还指望在别的地方可以培养好习惯吗？如果家里不能成为好习惯的实践基地，那么他的所谓好习惯有什么价值？

如果孩子不愿意跟着你，那就预示着你的家长地位已经受到挑战，你的家庭教育正在遭遇失败。

假期，不是学期的延续；家庭，不是学校的教室。

有人问我：很多家庭被一个"问题孩子"搞得鸡飞狗跳，你们丑小鸭中学是怎么管理这么多的"问题孩子"的？我回答：先把孩子读懂，就能把孩子养亲。亲了，教育就自然发生了。

孩子越来越大，我们读他的时间会越来越少。

所谓开学"收心",基本是瞎操心

每到开学,就会读到很多关于"收心"的文章。我无意与"收心"作对,只是认为我们大可不必为"收心"而操心。学校有让孩子向往的班级,有让孩子依恋的老师,有要好的小伙伴,孩子归"校"似箭。孩子回学校的第一目的是为了开心,而不是为了收心。

开学了,不需要家长帮孩子"收心"。因为,那是多此一举。到了学校,见到了满脸关切的老师,遇到了活蹦乱跳的同学,孩子自然会收心的。

您别拿"刻苦"说学习,别拿"守纪"说学校,别拿"竞争"说成绩。别把开学说得那么可怕。您也别问孩子"假期作业做完了吗?"学习是孩子自己的事情,孩子有选择的权力,有些作业,根本就不需要做。市场上,很多的习题是拿来卖钱的,与孩子的学习没有多大关系。别检查孩子的作业！假期是用来玩的，不是学校教育的延续。

开学了，别再一次"总结"上个学期的得失，别给孩子提"不切实际"的要求。健康成长比什么都重要。

教育即生长。您问过花草树木"为什么要发芽"了吗？其实，她们自己也不知道。别计划让孩子参加他不喜欢的"兴趣班"。"兴趣班"为的是让孩子在另一个空间表现自我、满足自我、实现自我。

开学了，家长只需要问问孩子："要帮你准备哪些东西？"其他都是孩子自己的事。他不说，您别管。开学就像花儿开花，很正常的事。家长一紧张，孩子也跟着紧张。家长的焦虑会让孩子不知所措。

一个开心、自信、从容、独立的孩子比什么都好。

"开学恐惧症"是吓出来的。

开学了,建立关系比"约法三章"更重要

没有规矩,不成方圆——这肯定没有错,关键是"规矩"是什么?"谁"的规矩?什么时候定?谁来定?怎么定?

"规矩"文字化就变成了"制度"。"制度"一般是强者制定的,目的是用统一的条文管理所有的人。

高高在上的制度,会把人与人之间的距离拉得很远。用制度来约束人很简单,制度约束下的人也很简单。

孩子将来不一定"管人",但一定得"做人"。不是说好的"不成才,要成人"吗?

开学之初,建立关系比"约法三章"更重要。

教育就是建立关系——建立与自己、与他人、与自然、与社会的关系。否则,教育有什么意义呢?

建立关系是通识教育的核心,是"做人"的一辈子。

开学了,建组织、建制度、定目标、做评价等这些工

作,都可以交给学生去做。交给他们去调查、去了解、去辩论、去思考、去判断、去书写、去尝试、去修正、去收获。这个过程,就是建立关系的过程。

从建立关系的意义上讲,课程只是一种道具,教材只是一种建议。

人,是关系的动物。

社会,是关系的产物。

好的关系,才是好的教育。

信任关系是一切人际关系的基础,是师生关系、生生关系的核心。

信任关系不是说教出来的,是实践、是代价、是暗示、是检验……是"无数次"以后的收获。

建立关系的过程,就是教做人、学做人的过程。关系到位了,"规矩"就可能演化成"规则"。

如果是帮助孩子们建立规则,"石头剪刀布"是可以玩出名堂来的。

让人守护规则,让规则守护人。

没有一个孩子不想上学，
只是不想面对上学带来的痛苦

有位家长求助：17岁的孩子，已经辍学两年，在洗车行打工，每个月800元。妈妈看到孩子每天很累的样子，好心疼。这两年，妈妈好几次把孩子送到学校，但孩子几天后就不去了，说："还是洗车行好，伙伴们都很喜欢我，都说我很勤快。"

早几年，我曾经"绑架"过一个初二的孩子来丑小鸭中学上学。孩子是个独生子，爸爸是警察，妈妈是医生。孩子考上了重点初中，到初二时，突然不去上学了，后来离家出走。爸爸急了，求我"绑架"孩子。我果真把孩子弄到车上，孩子不停地大吵大闹。我说："孩子，你听说过丑小鸭中学吗？我不是绑架你的坏人，我是丑小鸭中学的校长，是你爸爸委托我来接你去上学的。到了学校，你只要上学,啥都别怕。"我把"上学"二字说得特别重。孩子突然停止了吵闹,说:"詹校,我听说过丑小鸭中学的,知道你是好校长。其实,我是想上学的,只是没有人能够帮助我,我也不知道应该怎么办。我想去学校,但一到学校就感觉好难受,好像没有我可以待下去的空间。在原来的学校,因为我喜欢唱歌,被老师批评了,我觉得没有面子,就开始逃课了,后来你知道的,逃课就是破坏纪律,班主任就通知家长。爸爸妈妈就因为我的事经常吵架,家里鸡犬不宁。我就弃学了……弃学的日子真不好过,在外面东躲西藏的,害怕遇到老师和同学,不想被人看不起。"

有一个案例,初二的孩子弃学离家出走几天后,在微信里跟妈妈有过这样一段对话。

儿子:妈妈,我不想上学了。

妈妈:不想上学?那你能干什么?不好好上学,将来怎么上大学?怎么找工作?

儿子:我不想被别人骑在头上……

妈妈:你也不小了!应该懂点事了。爸爸妈妈那么辛苦,不都是为了你吗?你想好了——希望你保持清醒。以后坐牢也不是开玩笑的!

儿子:我就是死在外面,也不要你们管!

看得出，孩子不想上学的背后，焦点是尊严被伤害了。妈妈关注的焦点是孩子"不想上学了"。这样的谈判，除了矛盾升级，不可能有好的结果。

遇到孩子"不想上学"的情况，我们先接纳孩子"不想上学"的态度，理解孩子"不想上学"的痛苦，分析孩子"不想上学"的原因，就可以找到解决"不想上学"问题的办法了。

在丑小鸭中学，我至少跟一千名"不想上学"的孩子交往过，还真没有遇到真正"不想上学"的，他们只是不愿意面对"上学"带来的孤独与痛苦。尽管丑小鸭中学的孩子基本是因为弃学才来的，但在丑小鸭中学毕业后，几乎没有不上学的。

一对盲人夫妇把孩子交给我的那一刻
——致敬纯粹的生命

某天晚上11点,我从长沙飞昆明,飞机落地不久,办公室给我打电话:"有家长为了和你见上一面,已经等你三天了。明天什么时候可以有时间?"我说:"尽量早一点吧。"说实在的,让家长等我三天,真的过意不去。

24日,升旗仪式结束后,我到办公室时,一对夫妻早已经等候多时了。我进去,男的连忙站起来,脸凑近我,抓住我的手,连连说:"跟微信上看到的一模一样。我们太高兴了!"女的也站起来,摸索着抓住我的手。

我说:"你们……你们的眼睛……都不方便,是吗?"

"是的。"男的说,"我们夫妻都是盲人。她是先天性的,我呢……17岁时突然就变成这样,还有微弱的视力……您就原谅一下,原谅一下……"

"盲人？都是盲人？"我无言以对，说不出的愧疚：我怎么就让一对盲人夫妇等我三天呢？

确实，早几天，我记得有一位网友发信息给我，说是一家三口坐飞机到昆明了，带孩子来丑小鸭中学上学的。我只简单回复了信息："我会让学校老师接待好你们的。"说实在的，给我发这类信息的人不少，何况我当时正在外地讲课。

"我是早几天给您发信息的网友魏××。见到您，我们就放心了。"魏先生说："您知道吗，就因为看了您的视频，就因为您说的那句话——在好老师的眼里没有优生，也没有差生，只有学生——太让我们感动了，我们才把孩子送来您办的学校的。"

魏先生说，因为夫妇俩都在盲人按摩院上班，顾不上管孩子，导致上初一的女儿慢慢变得不适应学校了，逃学，夜不归宿。

"其实，也不能怪孩子。我们都在按摩院上班，有时候回家很晚，孩子一个人待在家里孤零零的。这孩子，上小学成绩很好，还是班长呢。到了初中，就不行了，不听话了，可能是到了青春期吧，我们当父母的又不懂这些。给她换了一个学校，还是不行。老师用孤立她的办法想要收拾她。她受不了，就不去学校了。在家里又待不住，就一天天往外面跑，有时候好几天不回家……我们担心呀，特别是她爸爸，为了找孩子，几乎都不睡觉。"魏太太补充说。

"是呀，找派出所，找妇联。我们啥办法都想尽了。"

我特别同情这对盲人夫妇，但还真的不知道怎么安慰他们。我试探着问："你们上班的收入还可以吗？"

"还不错，还不错。我们的大儿子都24岁了，也参加工作了。"其实，我是想听他们跟我说"困难"的。如果这时候，夫妻俩提出"是不是可以减免学费"一类的要求，我心里会觉得轻松些。

说到工作，魏先生笑得格外自信："我们夫妻在无锡好轻松盲人按摩院工作。我们的女老板是个特别善良的人，她开了9家分店呢。我们出行公司都派车接送的。她还参加了中央电视台的节目呢！"

"你们的老板也是盲人吗？"我很好奇。

"是，也是盲人，但她长得特别漂亮，"魏先生说，"我的微信封面就有她的照片。"

接过魏先生的手机，一看，我惊讶了——这是央视《向幸福出发》的照片。照片上有四个人：央视的两位主持人，魏先生，还有一位特别有气质的美女。魏先生说："那就是我们的董事长，叫严三媛。她叮嘱我，见到你后给她打个电话。"

我拨通了严三媛董事长的电话，电话里严董事长的声音特别甜美："他们夫妻安全到了昆明，我就放心了。詹校长，谢谢您帮助我的员工，谢谢您帮助我们的孩子。魏××是个特别优秀的员工，他不久前还入了党呢……我8月份一定来丑小鸭中学看望这个孩子。"

眼前这位个子瘦小的男人在我的眼前突然高大起来。

"谢谢你！谢谢你对我们党的信任！老魏，我也是个老党员，见到你，我才看到了一位最有光辉的党员的形象！"我接着说："我请二位合个影，可以吗？"

"好，好。特别好。"老魏夫妻高兴地站起来。

老魏把外衣穿上又脱下，脱下又穿上，最后还是脱下，说："还是不穿外衣精神些。"

老魏的老婆激动得赶紧套上白色的外套。

我说："不急，不急，你们穿什么都好看。真的，穿什么都好看！"

拍完照后，老魏掏出手机，准备用微信转账给孩子交学费。那一刻，老魏的脸紧贴着手机屏幕，那简直不是看手机，而是在听手机、摸手机——眼睛和屏幕之间的缝隙，简直容不下划动屏幕的一根手指。

"算了，老魏。我用我的手机操作吧！你就别管缴费的事了。"我担心我的普通话老魏听不懂，说得特别慢。

老魏停下来："确实，太慢了，眼睛不方便。好吧！你先帮我缴费，我再转给你。"

"老魏，你没有听明白我的意思。你别管了，我来交。我也不知道怎么说才对得起你——如果你们夫妻二位能够接受，就让我来给孩子缴费吧！我个人交，不是学校的减免。"

老魏说："那不行，凭什么让你交呢？学校办学也挺不容易的。"

我说："因为……我，我，我比你大！"我确实不知道怎么说，这个理由也确实不是理由，"反正，你就别管了！就这样！"

"太多了，詹校长！比我们夫妻俩一个月的收入还多呢！"老魏很激动，站起来拉着老婆的手，"我们给詹校长鞠个躬吧……"

"我不要你们鞠躬。只是为了表达我对你们的敬意！你们感动了我！你们的自信，你们的坚持，你们的强大，会鼓励我永不放弃。应该是我给你们鞠躬才对，谢谢你们！"说完我的内心无法平静。

老魏紧紧抓住我的手。老魏的老婆一把抱住我，从我的头摸到我的背："詹校长，你个子很高，很结实……"

"是的，我很结实，身体很好。你们把孩子交给我，是对的。你们放心，我很结实。"我笑笑，含着泪，拉着夫妻二人坐下。

我久久凝视着这对伟大的夫妻：一对盲人，拉扯着两个孩子，勤劳、自信、阳光、坚毅，不责备，不放弃，不求人。他们看不见颜色，但看得见光明。他们的内心永远有着五彩的世界！

我翻阅着他们的董事长严三媛的微信朋友圈——每天都有更新，朋友圈里的三媛确实很美。我还看到了她很多的照片：出席各种会议的，和职工一起活动的，给学生颁发奖学金的，给员工颁发年终奖的……

说什么呢？

敬畏这些纯粹的生命！

致敬这些伟大的灵魂！

所谓"听话",是满足一种控制欲

———

我的办公室来了一家三口:女孩、女孩的亲妈、女孩的后爸。他们从省外专程到我们学校,准备让孩子在这所传说中很神奇的学校上学。

两个月前,女孩弃学,与家长无法沟通,选择在夜场上班了。这个女孩才14岁,长得非常漂亮,化了妆,打扮入时,根本就不像14岁的女娃。

三四位同学领着女孩参观校园,她妈妈也跟着,因为她妈妈是个老师。寝室,食堂,教室,梦想中心,读书走廊,瑜伽室,心理室……

女孩很高兴:"妈妈,我喜欢这样的学校,就在这里上学吧!"

妈妈一脸疑惑。

妈妈来找我了:"校长,你们的教学模式,我很怀疑。

你看，教室里三人一组，还可以使用平板电脑，下课了大屏幕可以放音乐，可以自由上网……我的孩子本来就是一个问题孩子。她说她喜欢这样的学习环境。"妈妈一脸的失望，"如果她喜欢上了这所学校，不愿意离开，那就完了！我的孩子要考高中，要上大学的呀！"

我听这位妈妈讲完了，才知道她心中的好学校是：秧田式的教室，灌输式的课堂，木桩式的孩子。

我说："我的学校做不到。"

她二话没说，带着孩子走了。

她不需要孩子开心，只需要孩子听话。

原来，她高估我了。她以为我身上藏着一颗可以立即让孩子"听话"的药丸。

教育，是控制与反控制的较量。

所谓"听话"，只是满足家长的一种控制欲。

不少家长说的"不要求成才，只要求成人"，只是无奈时吐出的谎言。

淹死人的真不是水,而是对水的恐惧与无知

一

我的家门口有一条小河。河水很清,河底漂着很多长长的水草。我们小时候,一到夏天,太阳落山以后,满河都是孩子,满河都是喊声、笑声、尖叫声。那些孩子,小的三四岁,大的十多岁,都是可以光屁股的那种。我的记忆里,从来没有哪个成年人和我们一起游过泳,也没有谁教过我们游泳。我是几乎天天都泡在河里,妈妈甚至连一句"注意安全"都没有说过。我爸爸只是告诉我:"有漩涡的地方不能去,漩涡会把你卷进去。水太绿的地方也不能游,那样的水肯定很深也很凉。"我有时候也会挨揍,那是因为在河里玩得得意忘形了,耽误了放牛砍柴的正事。我们那些孩子全都在那条小河里泡成了水鸭子。在我的记忆里,我们村子里就从来没有淹死过孩子。最近十多年,我

回到老家，也会经常到河边看看。河岸已经没有路了，过去的沙滩全部堆满了淤泥、长满了杂草，也再没有见过在河里玩耍的孩子，见到的只有"禁止游泳""禁止钓鱼"的标牌，只是耳边常常回响着儿时的欢声笑语。

二

2016年，我去北京人大附中拜访肖远骑先生（肖先生当时是人大附中的副校长）。他带我参观人大附中的游泳馆时告诉我："游泳，在人大附中是必修课。游泳不合格是毕不了业的。"

三

早几天，有位网友告诉我，他们学校抓"防溺水"抓得很紧，班主任要负责让班上的每一位同学背熟防溺水的知识。我哈哈一笑："如果哪一天不小心掉进水里了，背知识可以救活他自己吗？"他无奈地说："没办法。学校有硬性要求，迎接上级防溺水工作检查。"

"远离野外危险水域"肯定是对的。但是，没有玩过"野水"的孩子，就如让没有吃过梨的孩子说出梨子的滋味一般,他们不可能建立"野外危险水域"的概念,"远离"也就只是在传递恐惧而已。

四

每到夏季,学校防溺水的工作就紧锣密鼓地进行。这无疑是保护生命的一项伟大工程,也是全社会义不容辞的责任。看到那些为防溺水工作而劳碌奔波的人,我心生敬意。但是,防溺水的"前线"到底在哪里呢?防溺水的文件、防溺水的会议、防溺水的小组、防溺水的台账、防溺水的标识、防溺水的标语、防溺水的照片、防溺水的演讲、防溺水的检查、防溺水的黑板报、防溺水的责任书、防溺水的PPT……恨不得盖满每一条河,封死每一个水塘,拴住每一个孩子的脚……我们懂童心,孩子通水性,这才是防溺水的核心。

防溺水是成年人的事,学到防溺水的本领才是孩子们的事。如果孩子没有了玩水的力量,没有了玩水的欲望,没有了玩水的技巧,谁也不知道溺水悲剧在什么时候发生,谁也无法预知他们长大后是什么样子。

站在成年人的思维角度,怎么能解决孩子面临的问题呢?成年人的自娱自乐,其实跟孩子没有半毛钱的关系。

淹死人的真不是水,而是对水的恐惧与无知。

陶行知先生说:"生活即教育,社会即学校。"在学校里的黑板上学防溺水的孩子,怎么能习到防溺水的本领呢?别去搞"弯道超车"了!放开孩子,让他玩水去吧!

啃自己的手指，碍着谁了？

———

我儿子两岁就啃手指，能啃的指甲全都啃了。

老婆说："盯都盯不住，他有时候会躲在窗帘后面啃，有时候会躲在门后面啃……啃完了再出来……怎么办才好？"

"躲起来冒着风险也要啃指甲，多可怜呀。你告诉他'指甲可以啃'不就行了吗？"我说。

老婆和我告诉儿子："指甲是你自己的，想啃就啃。"

果然，儿子继续啃他的指甲，明目张胆，毫无畏惧。

很多专家说："啃手指是因为焦虑。"很多书上也这样说。

别人啃手指与焦虑是不是有关，我不知道，但我的儿子啃手指，绝对不是因为焦虑。啃手指确实是个坏习惯，一是不卫生，二是不雅观，但这是一个无关紧要的坏习惯。

如果改掉一个坏习惯的成本太高，倒不如无视这个坏习惯。

不怕你笑话，我家不但我儿子啃手指，我小时候也啃手指，我的孩子全啃手指。但没有哪个孩子因为啃手指而妨碍身体成长，妨碍学习。这些啃手指的孩子有的已经读了国内一流的大学，或者去留学了，有的还在一边啃手指一边上中学。

啃手指的人确实有焦虑的，不啃手指的人也有焦虑的，但啃手指并不是焦虑的标签。

有些专家的概念是抄来的。他们自己不啃手指，也没有研究过啃手指的人，只是抄袭了一些与他们无关的概念。

固有的概念会阻止我们探求生命的真相。不是所有的真相都需要去探求，对生命的基本尊重才是最重要的。

我们的心态，容不下正常的孩子

----

1. 孩子成绩中等，数学题粗心，36能看成30，漏题，做题不是不会，有什么好方法？

2. 怎么能快速改掉孩子的坐姿习惯？

3. 怎么能让孩子学习主动，时间能抓得紧？

一位妈妈留言"因为孩子的问题而感到非常焦虑"，但我认为这个孩子是一个很正常的孩子。

1. 看错题目、看漏题目或者看错数字，这是很多人出现过的情况。其实，并不影响学习和生活。可能有很多人认为细心是优点，粗心是缺点。但我认为细心不是优点，粗心也不是缺点，都只是特点。粗心的人，大大咧咧，自动删除那些不太重要的信息，内心比较干净。粗心的人很好相处。细心的人适合做细致的事，但容易因为患得患失而焦虑、抑郁。细心和粗心只是两种不同的个性，个性没有好坏。在教育中，扬长避短，每一种个性的孩子才会更有自信。

2. 坐姿正确，当然好。但如果纠正坐姿会得不偿失，为什么一定要去纠正呢？最舒适、最习惯的坐姿才是最适合的。再说，快速与习惯永远是一对矛盾——习惯不是快速养成的，也不可能快速纠正。所以，你见不得的别人的某种习惯，说不定你要忍受一辈子。如果不能忍受，那就只能选择承受痛苦。

3. "学习主动""时间抓得紧"的标准是什么呢？如果一定要以成年人的感觉为标准，那么对孩子来说可能是一种折磨。一旦孩子被折磨，那么，他的表现就可能是抗拒、抑郁、焦虑或者无所谓。抗拒、抑郁、焦虑、无所谓，哪一种比较好呢？

很多时候，我们的心态已经容不下正常的孩子。

我有三个孩子，老大女孩12岁，六年级，叛逆期。

老二女孩9岁，三年级，以前乖巧懂事，现在也变得像姐姐一样不听话。

老三男孩5岁，小班，乖巧可爱！

我要怎么做才能成为一个更好的妈妈？

12岁的孩子叛逆，9岁的孩子从乖巧懂事到不听话，5岁的孩子乖巧可爱……这才是正常的孩子，这才是正在长大的孩子。

教育，不是寻找对付孩子的方法，这种立竿见影的灵丹妙药根本就不存在。教育，是与孩子彼此的生命陪伴。在这种陪伴中，自己不断成熟，孩子不断成长，这就是教育的全部过程，也是教育的全部收获。

第四章

孩子会长大的

§

"静待花开"是静静地守护,

不是不作为,

也不是放弃努力。

给他时间,

给他对的机会,

给他错的机会。

教育会自然发生。

春节,成年人表演幸福,孩子却表现痛苦

春节,一些人感受幸福,一些人表演幸福——这些人都是成年人。房子、车子、孩子,几个表演幸福的硬指标。房子、车子,是最好量化的。你想要2000万的房子,你想要100万的车子,只要钱到位,幸福立即可以实现。因为,机器生产线给你准备了大量标准化的产品。你付一模一样的钱,就可以购买一模一样的幸福。孩子不一样。你为孩子花了50万,不一定能得到你预期中的"那个孩子"。"在哪所学校上学?"这是春节期间问孩子问得最多的问题。因为,这就是最简单的量化。在中小学,要满足上名校的需求也不难。只要购买了"××教育集团""××学校(名校)××分校"的学区房,就可以帮你实现。

有一次,一位专家说:"97%的人智商是差不多的,也就是说97%的人都可以考上清华北大。为什么没考上呢?

这其中有智力因素问题，也有非智力因素问题……"我说："要让97%的人上清华北大是一件非常简单的事情……把中国97%的大学改名为清华或者北大就可以了。有些问题是教育设计问题，不是谁通过努力就可以改变的。中小学为什么可以搞那么多的名校教育集团，而清华北大就不可以搞教育集团呢？"考重点高中绝对不是目的，上名牌大学才是目的。所以，越是名校的学生，压力越是大。但是，压力大也没用，因为名牌大学没有搞教育集团。春节期间，那么快乐的日子，但很难见到快乐的中小学生。

成年人一起来"对付"一个小坏蛋，这就是家庭教育吗？

当我们谈到家庭教育，会不会有这样的理解：（1）家庭教育是家里的成年人共同教育孩子；（2）家庭教育的目的是把孩子教好，这就设定，孩子是个不教不行的小坏蛋；（3）家长的家庭教育知识越丰富，家庭教育就越成功。我认为，这是对家庭教育的误解。那什么是家庭教育呢？

家庭是个教育场，教育在这个"场"里自然发生

家庭是什么？生物学、伦理学、经济学、社会学、教育学的理解是不一样的。家庭，是教育发生的地方，即"教育场"，这是教育学对家庭的理解。那么，教育是如何在家庭里发生的呢？当家庭具备生育、生产、生活、养育、

保护、休闲、娱乐、发泄、教育等生命成长所需要的功能的时候，家庭就是一个教育场。教育就在这个磁力"场"里自然而然地发生了。

受教育的不只是孩子，家庭成员都是受教育者

在这个教育场里，家庭文化自然提升，家庭功能自我完善，家庭责任自觉承担，家庭成员自由成长。这，才是家庭教育。

有教育功能的家庭，才可能发生教育

水为什么可以解渴？因为水有解渴的功能。还有很多像水的液体，喝下去是没有解渴功能的。家庭里为什么会有教育？因为家庭有教育功能。有一些家庭具备家庭的物理元素，但没有教育功能，无论家长怎么"教育"，其结果只是孩子越"教"越失败。很多家长学习了很多家庭教育的知识，但家庭教育是失败的。为什么？因为这些家庭教育知识没有转化为家庭文化。家庭文化才是家庭教育的"场"。

信任关系被破坏的家庭，其教育功能是十分微弱的

有网友留言："詹校，我很赞同您说的'好的关系，才有好的教育'。那么该如何建立良好的亲子关系呢？您有这方面的文章吗？我想学习一下。"很显然，网友希望通过"学习一下"我的文章，就可以建立良好的亲子关系了。我回答："亲子关系是天生的，不是建立的。"亲子关系首先是人格信任的关系。任何一个孩子生下来都只信任自己的父母。那么，为什么孩子长大以后亲子关系却变坏了呢？原因只有一个——天生的信任关系被破坏了。谁破坏的？强者，只有强者才有力量破坏这个关系。信任关系是亲子关系的源头，也是教育发生的第一条件。

生活，可以说是家庭教育唯一的"教科书"

有网友留言："詹校，我的孩子不听话了。我知道我的家庭教育出问题了，我才去学'家庭教育'。培训老师讲的那些听起来很好，但拿回来还是解决不了问题……"显然，这里说的"家庭教育"其实只是家长"对付"孩子的技术问题，这是对家庭教育的曲解。各种需求都是在家庭生活中发现的，各种关系都是在家庭生活中建立起来的。家庭

成员的需求，如果在家庭中得不到关注或者满足，家庭教育就会变得很空洞，家庭也会变得冷漠而单调。没有完整的家庭生活，便没有完整的家庭教育。

生活里打上了教育的烙印，这才是教育真正发生的样子

家长讲了，孩子听后或者"笑了"或者"哭了"，都不一定是教育发生了。只有养成了习惯，教育才是真正地发生了。所以，真正的教育是个漫长的过程，或者是个不留痕迹的过程，这就是所谓的熏陶。因为家庭，人变得温暖而美丽，这才是家庭教育的意义。种子、时间、环境，永远是教育三个最重要的关键词。

十年前的那只"丑小鸭"哭着飞回来了

7月20日,我在北京,突然接到陆亚斌的电话,说是请我吃饭……其实也不是吃饭,七年没有见了,想回学校看看。

我回答:"我在北京,还要去成都讲课,这几天回不去……24日有个全国性的大会在学校开,晚上有个晚会,是由丑小鸭中学负责的。要不,你回来做个主持人吧……你是丑小鸭中学第一届艺术节的主持人呢,快十年了。"

亚斌非常爽快地答应了:"24日我一定来,做主持人,您知道的,我肯定行。"

亚斌是丑小鸭中学的第一届学生,2011年,亚斌12岁,个子快一米七,很帅。亚斌爸爸把亚斌送到丑小鸭中学时,对我说:"管不住,太调皮了。能想的法子都想完了,全部都不管用。"

其实，到现在为止，我都无法相信亚斌曾经让爸爸绝望过。

一

24日的晚会，其实是没有什么准备的，更不用说彩排了。轮到亚斌上台时，这个22岁的小伙子说："突然有点不自信了，没想到学弟学妹们这么厉害。"

亚斌突然丢掉稿子，说："我不想用稿子了，我想讲讲我的故事……十年前，我被爸爸送到丑小鸭中学……我在丑小鸭中学考上了普高，后来上了大学……如果没有詹校长，就不会有我的今天……"亚斌突然从台上跳下来，"我想拥抱詹校长"。

亚斌抱着我，突然泣不成声。

好一阵子，亚斌对我说："你知道吗，那时候，我只想杀人！没有人理解我，走投无路啊……入校没几天，你听说我爱画画、爱书法，专门给我安排了一间房子，还给我找来书桌。那一刻，我才突然发现，我没有被抛弃。"

二

亚斌读初二的时候,有一天我路过操场,看到亚斌捏着拳头,脸涨得通红,我问:"你怎么了?"

"我想揍死他!"亚斌指着远处的德育主任。

"那你为什么不去揍他?"我平静地问。

"我打不过他!我打不过他!"亚斌气呼呼地回答我。

"打不过?那就放弃吧……过一会儿就好了。"我拥着亚斌的肩膀,在操场边坐下来。

亚斌和我聊了事情的经过后,对我说:"校长,不怪他,是我太冲动了。"

"没事,事情并没有发展到不可收拾的地步。忍一忍,情绪就平复了。现在不是很好吗?"

三

亚斌读初三的时候,大概是离中考还有2个月的样子。有一天,亚斌告诉我:"校长,我想考普高,但目前成绩不好,差距太大,怎么办?"

"亚斌,你聪明,你行的。其实,考普高不难的。"我帮他分析了他的学习情况,"注意这些问题,适当增加一些时间，你应该可以上500分的"。

亚斌突然信心满满："校长，你说的这些，我都能做到。拼一把，500分！"

"有什么困难，随时找我。"

"没有困难。校长，中考前我不会找你。等我拿了500分，再找你！"

"好的，等你拿了500分。我给你找一所好学校。"

中考成绩出来，亚斌考了501分。我给他找了好学校。

七年不见，亚斌的个子长到一米八了。这一次，他哭得伤心，也哭得开心。500多名现场观众看着这个小伙子哭。很多观众哭了，坐在前排的李镇西老师也哭了。临走时，亚斌说："校长，我工作了，空闲时间也少了，但我一直会想着你的。不管什么时候，不管什么事，只要你让我回来，我会立马赶回学校，没有任何条件。"

晚会结束后，亚斌赶回了昆明市区。

亚斌到家后，大概是晚上11点，他给我发了条信息："校长，我到家了。"

我很心疼"土猪拱白菜"的孩子

——因为他被我们教错了

———

最近,"土猪拱白菜"的演讲视频火了。其实,不是土猪火了,也不是白菜火了,而是"土猪拱白菜"的"衡水精神"火了。

其实,我是很心疼小张这孩子的,一是因为我也曾经有着"土猪拱白菜"的梦想,二是因为时隔五十年后,现在的孩子的梦想居然还和我们半个世纪前的梦想一模一样。

除了心疼,我还特别为小张点赞。这是一个真实的孩子,也是对"衡水精神"有着特别贡献的孩子——小小年纪,居然这么有创造性地用"土猪拱白菜"把"衡水精神"概括得这么通俗易懂,这么淋漓尽致,这么一览无遗!

不过,我很自责,我为教育自责。因为教育把这个非常有梦想、有创造力的孩子教错了。

小张看不起"两间屋子,三个年级"的学校和把英语读错的老师,因为在这个孩子的眼里,教育就必须传授标准知识才对。孩子,我要说学校是多样的,教育是多元的。

"无用的社交"是成人化的语言。孩子,你开始势利了。尽管你在演讲中说"恐惧、自卑、阴霾都已散去",但我反复看了你的演讲,我感觉你的整个演讲都充满恐惧、自卑与阴霾。

生活就是,不管是不是胜利,都要向前走。如果你一定要"带着必胜的信念向前走",那是很恐怖的。

"土猪拱白菜"是一个过时了的观念。一是,土猪太多,城里的白菜太少,不够你们拱;二是,即使你拱了城里的白菜,土猪还是土猪;三是,新时代的土猪,必须排队"拱白菜"——规矩还是要有的。别去糟蹋白菜了——城里的白菜本来就很少。最让我痛心的是:从这孩子的身上,竟然看不到现代社会所需要的和谐共生的痕迹。

不管是北大也好,清华也好,还是国外的名校也好,都只是一种学习的经历,绝对不是生活的目标。

孩子,如果谁叫你们5点半就起床把这些大学的名字当成理想喊出来,那是在糟蹋你们的理想!

将来的某一天,当你真正开始读书(我指的是读有灵魂的书），你就会觉得昨天的"为此沉迷、为此消瘦、为此疯狂"是被人骗了。

孩子，没有谁会"嘲笑一个孩子的梦想"，也没有谁会"无故诋毁一个读书的孩子"，更没有谁"对一个孩子去指手画脚"。这些话，不像你说的，但你在说这些话的语气里充满了敌意。确实，对"衡水模式"有很多人提出过异议，但那是善意的，是对中国教育和孩子未来的一种思考，而不是"指手画脚"。

如果"整个家庭几个世代的期望"都要让你一个人去实现，那是他们错了。这样的期望，你背负不起！

五十年前，我们这一代确实是为了改变命运而读书。但今天的你如果仅仅是为了改变命运而读书，那太渺小了——是这半个世纪太渺小了。

一个十七八岁的读书的孩子，有过多少"曾经的苦难"呢？如果真有，那是你对学习经历和学校生活的"自我总结"。

把生命当弓，把励志当弦，把考分当靶，拿孩子当箭……高考是一场赛事。谁是设局者？谁是射手？谁是看客？

你的演讲让我看到的是高考落榜后的那些一筹莫展的孩子，还有那些拱不到城里的白菜的土猪。

孩子，对不起！是我们把你们教错了！

人格，都可以更完整；人生，都可以很幸福

丑小鸭中学开设了"人格"课程，教者是我。

科学课程使人聪明，人格课程使人幸福。

人格，我认为有两种解释：一是"人的性格"，一是"人的品格"。人的性格一半是天生的，一半是养成的。人的品格是后天形成的。

性格有特点，但没有好坏。有好坏的是脾气。

了解自己，读懂他人，任何人都可以很幸福。

如何与周围各种不同性格的人相处呢？

1. 尊重——不谈改变

人，因为性格的不同，而成为独一无二的自己，因而有了大千世界。不"改变"，世界才不单调。尊重你身边不同性格的人，这就是你储存的资源。

2. 合作——天下没有一个人的完美

尊重、合作，这就是情商。很多事情，你不懂，没有关系。你身边与你不同的人，他们懂。你只要懂尊重，懂合作，就可以拥有一个有无限可能的团队。

3. 扬长避短——不要被"取长补短"误导自己

我是在一个小村子里长大的。小时候，我们那个村子里的孩子都会爬树，但我不会。他们都会抓鱼，但我不会。我爸骂我"怂"，可我舅舅说："别跟那些孩子比爬树、抓鱼，你看你的毛笔字写得很好，但他们都不会呀。还有，老人都说你最讲礼貌呢！"

天下没有十全十美的人，真正的"人才"很多都是"偏才"。聪明的人最懂得放弃不适合自己的东西。对个体的人而言，"取长补短"是一种误导。

4. 求助他人——发现和利用你身边的资源

很多问题你想不到，很多事情你做不了。所以，你要学会求助别人。要想得到别人的帮助，首先自己一定要做一个被人喜欢的人。

人格，都可以更完整；人生，都可以很幸福。

如何取舍
——人生观的核心问题

──

一棵小草,来到世上,天地间应该给它阳光和雨露。小草未必需要感恩,但小草需要思考:为了将来千千万万像"我"这样的小草可以发芽生长,"我"应该用一种什么样的方式活着呢?

小草可以这样想:我必须茁壮地成长!把大自然装点得更加美丽,让每个人都有好心情,来保护和滋养更多的小草。

小草也可以这样想:我必须不屈地成长!展现小草的精神,让更多的小草无畏地、自信地生长。

小草还可以这样想:我与自然界任何生命都是平等的!别看我小,我的奉献是其他物种无法做到的。

有这样一个故事:有一位中年人觉得自己的日子过得

十分艰难，生活压力太大，想寻求解脱的方法，因此去向一位禅师求教。

禅师给了他一个篓子，让他背在背上，指着前方一条坎坷的石路说："当你向前走一步，就弯下腰来，捡一颗石子放到篓子里，然后看看会有什么感受。"

中年人照着禅师的指示去做，等他背上的篓子装满石头后，禅师问他："你一路走来有什么感受？"

中年人回答说："感到越走越沉重。"

禅师说："每一个人来到这个世上时，都背负着一个空篓子。我们每往前走一步，就会从这个世界上捡一样东西放进去，因此才会有越来越累的感觉。"

中年人又问："有什么方法可以减轻负重呢？"

禅师反问他："你是否愿意将名声、财富、虚荣、权力等拿出来舍弃呢？"

那人答不出来。

禅师又说："每个人的篓子里所装的，都是自己从这个世上寻来的东西，但是你拾得太多，倘若不能放掉一些，你的生命将承受不起，现在知道应丢下什么和留下什么了吗？"

中年人反问禅师："这一路上，您又丢下了什么，留下了什么呢?"

禅师大笑:"丢下身外之物,留下心灵之物。"

人在世上,无时无刻不受到来自外界的诱惑,一旦有了功名,就会对功名放不下;有了金钱,就会对金钱放不下;有了爱情,就会对爱情放不下;有了事业,就会对事业放不下……当得到的东西太多了,超过生命的承载力,这个时候,我们该怎么办呢?留下什么?舍弃什么?这时候选择将变得尤为重要。

人,就是这样。人,是感性的;人生观,是理性的。真正可以控制我们的是自己的欲望。"被控制"的人生是痛苦的,"被需要"的人生是幸福的。

生存第一,生命至上,离开了这个基本点,就别提人生观。

真正的大学在心里

英国作家王尔德说"人生有两种悲剧:一种是得不到我所要的;一种是得到了我所要的"。就如,我们的高中同学想考大学却落榜了,这可以说是一种悲剧;但考上大学也是一种悲剧,因为我们考上大学后才发现,大学不如我们想象得那么好,但我们却花掉了中学六年时间来追求这个目标。

有一次,我和几位大学毕业生谈大学给他们的感受时,他们这样形容:大一,无助、迷茫;大二,自在、张扬;大三,苦闷、疯狂;大四,焦虑、彷徨。

人活在世上,都是大自然的过客,不必在乎自己"有什么",而应该在乎自己"是什么",如何"做自己"。

一个人的未来如果想变成一幅美好的图案,那么必须是有愿景的。就像用无数块碎片拼成世界地图,如果没有愿景、没有规划,拼出来的会是什么样子?

"被迫"是学生最大的心理特点。中学时期，因为希望考上大学而"被迫"学习；到了大学，同样，学习可能是为了拿学分、拿文凭，所以往往我们只读考题，不读书。如果误把考题当成书，也可能我们从大学毕业以后，就再也不读书了。那是不是大学害了你？

顺便说一下什么是书。书是有灵魂、有生命力的，那些被装订起来的写过字的纸不一定都是书。

我说的读书，是读有灵魂的书，有灵魂才有生命力。

读中学或许是为了读大学？读大学干什么？是为了读更多的书吗？肯定不是！

人生中有很多困扰，读书的目的就是要减少这些困扰，让我们内心平静地完成自己想做的事情。在人生的十字路口，读书带来的理性思考可以让一个人比较容易找到机会。

我们看到远处的高速公路越来越窄，但事实上没有变窄；我们远远地看到湖水是蓝的，但捧起来却没有颜色。为什么？因为感觉与理智是有差距的。读了书，我们就不会怀疑湖水变了色。

知识是专用的，智慧是通用的。知识，研究万物之异；智慧，观察万物之同。读了书，就知道求同存异。

真正的大学，在我们追求真理、崇尚智慧的内心里。

致少男少女：爱情可以再来，成长不容等待

我送给少男少女们9句话。

1. 正在长大的孩子想恋爱或者正在恋爱很正常。这是很聪明、很可爱、很帅气（很靓丽）的孩子的必经之路。恭喜你！懂得了欣赏，或者被人欣赏。

2. 恋爱只有两个结果：一个是结婚，一个是分手。从你开始恋爱的那一天起，就要准备接受任何一个结果。

3. 分手只有一个原因，那就是不爱了，其他的理由都是托词。既然一方不爱了，为什么要让自己的心守着一个不爱你的人呢？既然你爱过他/她，为什么不可以让他/她去迎接自己的幸福呢？爱，只有一个目的，就是追求幸福。一方的幸福也是幸福，比双方都痛苦要强得多。痛苦只是暂时的，一旦将来你恋爱了，就幸福了。与海之枯石之烂相比，人，太渺小，人的生命，太短暂。

4. 女孩是弱者。爱着，保护她；不爱了，别伤害她。这才是一个好男人。好男人就有人爱！

5. 女孩别为了失去而迷失了自己。爱，不是"求"来的，爱，是"修"来的。一"修"自己，"修"那种"初见惊艳，再见依然"的美丽，"修"青年的洒脱、中年的稳重、老年的慈祥、一辈子的魅力。二"修"缘分，"百年修得同船渡，千年修得共枕眠"。花容月貌留不住，慈母心性最永久。修炼不到家，哪来令人羡慕的爱情？修炼到家了，容颜虽老，风采依然。怎么修炼？爱学习，爱自然，爱他人，爱自己。你"爱"了，就可爱了；你可爱了，你的爱才会永久。

6. 幸福，在于在特定的年龄完成该做的事情。你今年15岁，明年就16了。现在是高一，明年是高二。16岁不可能回头做15岁的事情，高二回头学高一的知识同样很累。

7. 恋爱是一辈子的事情，旅途处处是风景，属于你的东西，一定在前方等你！

8. 爱情，是不可以用来玩的。魔术师可以把废纸变成钞票，但最终要靠卖艺养活自己。乞丐几乎吃尽天下百味，但很难成为美食家。

9. 成熟了，看人看己，审时度势，都格外的清。成熟了，爱人爱己，兴业养家，才特别的顺。成熟，是破茧化蝶；成熟，是凤凰涅槃。

"学习目的明确"是一件很可怕的事

记得我上学的时候,老师在给我每学期的期末评语里都有这样的话:"学习成绩好,学习能力强,但学习不努力,学习目的不明确。"我一直想问老师:"'学习目的'是什么?如何'明确学习目的'?"但我一直没敢问,我只是对自己说:"如果哪一天我当了老师,我一定不教学生他们听不懂的东西。"后来我当老师40多年,从来没有跟学生讲过"明确学习目的"一类的话。我认为,学习就不应该有"明确的目的"。"明确学习目的"其实是一件挺可怕的事。

我们问过"什么是学习"吗?

有位家长打电话和我说:"孩子学习目的不明确怎么办?"原来她的孩子在双休日老是完不成作业,会"偷奸耍滑"去看动画片和动物世界。她说:"孩子的双休日其实是有时间的。两天的时间花一天就完全可以完成所有的作业,但孩子偏要说没时间。"其实,问题出在家长和孩子对"有时间"的概念理解不一样。家长是把作业放在第一位,作业以外的时间叫作"有时间"。孩子把看电视放在第一位,看电视以外的时间才叫"有时间"。立场不一样,目的不一样,焦点自然就不一样。没有自由的时间,就不会有观察、发现、思考和创造,也就不会有真正的学习。如果双休日的时间都拿来完成作业,那真正的学习就不会发生了。但是,把标准答案从书上搬到纸上的"学习"恰恰是成年人所希望看到的学习。如果对学习的真正意义都没有思考,那"明确学习目的"就只能是装模作样或者人云亦云。

人生有方向很好,但有目的很可怕

"玻璃大王"曹德旺结婚的时候竟然买不起7分钱一包的香烟,更不可能把"玻璃大王"定为自己的人生目标。曹德旺信仰佛教,他把"坚持""行善"作为自己的人生方向。方向是射线,目的是线段。坚持方向是一种幸福,达到目的有一种快感。坚持自己的方向是一种信仰。有信仰的路是有光的,有信仰的生命是坚强的。人生如果只有纯粹的目的，往往会因为目的而失去方向。失去方向的目的，达到或者达不到都是很可怕的事。

如果达到了目的，还有下一步吗？

"人上人"是很多人甚至是很多求学的人的目的。为了达到这个目的，他们会接受别人的奴役，更会接受知识的奴役。当他自以为是地成为"人上人"后，下一个目的会是什么？一些做官的人的目的是"做更大的官"，一旦官升一级的时候却发现上头还有"更大的官"，于是便开始贪赃枉法。一些商人的目的是"赚更多的钱"，因为没有方向，就一辈子钻进赚钱的死胡同里了。不少学生的"明确的学习目的"是考更好的学校，读更多的书，一旦达到了"考上好大学"这个目的就再也不读书了。其实，学习是一种生活方式——一辈子的生活方式，不应该有"明确的"学习目的。

保护生命——教育的第一信条

一个15岁的女孩，已经多次自伤甚至自残，在家攻击父母，人格开始解体，并且因为长期不运动，她的身体已经很胖了。进入丑小鸭中学的第一个月，她用各种粗鄙的语言侮辱老师，毁坏物品。说实在的，那段时间我也束手无策,只是嘱咐带班的老师:"第一,看好她,别让她伤到自己;第二,保证有安全的吃饭、睡觉的条件;第三,不许任何人伤害到她。"我在寻找接近她的机会。大概两个月后的一天,我看见女孩拿着一本黑色封面的书,便好奇地走过去。我见她没有躲开的意思,便说:"我很好奇,想看看这本黑色的书……"她漫不经心地回答:"王小波的。"于是,我们从王小波开始,聊了很久。最后,她说:"校长,你是这所学校唯一可以跟我聊天的人。"她给了我很高的评价!后来,我们经常聊天。我还请她做了学校的节目主持人。再后来,她的体重不知不觉轻了17公斤。一学期后,她成了一个健谈、阳光的女孩。

一个15岁的北方男孩,诊断患有抑郁症,被送进丑小鸭中学。刚刚进来的前两周,在丑小鸭中学工作了十年、经验丰富的大象老师也拿他没办法。但大象老师不死心,向台湾的一位心理学博士求助。博士经过分析后,提了两个建议:一是多让孩子在太阳下运动,二是给孩子吃适当的益生菌。大象老师按照博士的建议做了,孩子的情况有了明显好转,两周后,男孩跟刚刚入学时相比,简直判若两人。

这是两例效果比较慢的情况,有没有更慢的呢?有,甚至有毫无办法而不得不退学的情况。必须承认，教育不是万能的，有时候甚至是无能的，但至少可以做到不伤害孩子，至少应该做到保护生命。生命本身就是一个奇迹。生命是未知的，也是可知的。

"当不知道怎么做的时候，当这个问题不能解决的时候，第一信条，就是保护生命，让他好好地活着，让他开开心心的。以后会有路的，说不定这条路是他自己悟出来的，说不定他哪一天能得到一种帮助……"

探寻生命真相，尊重生命需求，是教育者的信仰。

我所了解的苏霍姆林斯基

怎样的人才能称得上教育家？我认为，那一定是踏踏实实做教育的实干家，而不是不上课、不爱到学生中去、老讲大话和空话的人。

说实话，在没有认识李镇西老师之前，我是没有认真了解过苏霍姆林斯基的，尽管周围有很多老师崇拜这位教育家。为什么？因为我一直错误地认为：苏霍姆林斯基现象，可能是苏联斯大林极权主义教育的产物，他未必是踏踏实实干教育的人。

2019年10月1日，李镇西、杨东平老师带领我们一行17人，专程去访问了乌克兰帕夫雷什中学。这次访问彻底改变了我的看法。

苏霍姆林斯基在帕夫雷什中学担任了23年校长，直到他去世。访问了这所学校，我才知道这位教育家确实伟大，因为他几乎每天都在干着同样的事——"我把心灵献给孩子们"。他踏踏实实办教育，他是一天也没有离开教育实践的真正的教育家。

让我们看看他每天在做些什么吧！

一

凌晨4点至8点：写作。

苏霍姆林斯基只活了52岁。他在短短一生中，留下了非常丰富的著述。只现在我们看到的《苏霍姆林斯基选集》五卷本的数量就相当惊人了。

他是怎么做到的？原来他每天凌晨4点就起床了。他睡不着，因为他脑海里播放着卫国战争中无数战友牺牲、万千孩子流离失所的场景，他思考得很多很多。他披着晨星，用他的教育实践之笔，蘸着自己的心血，记录着亲历的教育故事，书写着与众不同的真知灼见，努力给大众讲着教师应该讲的真心话。他每天如此。于是，就留下了这么多的成果。

苏霍姆林斯基的妻子说："在我丈夫离世后，苏联教育部决定出版他的文集，让我也进了编辑委员会。讨论来讨论去，只能搞选集，很多文章不可以收进去，因与政治形势不符。不仅如此，可以收进去的，也必须修改、删减。"

苏霍姆林斯基的儿子说："父亲认为发展人的个性非常重要，唯此才能体现人的价值，社会才会进步。同时，也得把发展个性和建设集体统一起来，孩子的发展才会全面，这样才是真正办了好教育。"

2019年10月3日，我们在乌克兰国家教科院拜访了苏霍姆林斯基的女儿卡娅，她说："父亲让他的学生少说'我们'，要说'我'，这在当时流行集体主义的苏联是行不通的。所以，父亲出版的著作《把整个心灵献给孩子》是在德国出版的。当时，德国出版部门有苏霍姆林斯基的同学。当这本书在几个国家出版后两年，才被允许在苏联出版。"

目前，苏霍姆林斯基的教育专著已经在世界许多国家出版，共有48部，而他在世时只是出版了少数几部。难能可贵的是，苏霍姆林斯基在作品里展示着他对教育的神圣信条：

1. 把儿童看作人，倡导对儿童的信任与尊敬。

2. 把学生的学习活动转变成十分吸引人的、充满创造发明的过程。

3. 尊重个性，限制集体对个性影响的范围。

4. 实行没有惩罚的教育。

5. 对人教育只能以善和爱为手段。

……

二

8：00—9：00：迎接学生入校。

帕夫雷什中学的主楼是老教学楼，这栋U字形的两层楼房约1100平方米，只有一个楼梯。它经过苏霍姆林斯基亲手修缮，至今一直在用。

苏霍姆林斯基每天8：00就在校门口或楼梯口等着他的学生，直到每一个学生入校进教室。

苏霍姆林斯基曾经在卫国战争中浴血奋斗，最后死里逃生。战争结束后,苏霍姆林斯基以二级伤残之身回到故乡,当了教育局长。后来,他毅然辞职了,他说他只适合与孩子们在一起。于是,他来到了帕夫雷什中学,当了校长,兼教乌克兰语言文学课。

在此,苏霍姆林斯基取得了显著的成绩,不久当选为国家教育科学院通讯院士,获得了列宁勋章等一系列荣誉。教育部曾经要调他去莫斯科工作,他没有去。因为他离不开他的学校和孩子们。

他继续每天在校门口迎接孩子们……

苏霍姆林斯基每天就站在这里迎接他的学生

三

上午：上课、听课。

苏霍姆林斯基当校长后，从来没有离开过课堂。他亲自上课，教乌克兰语言文学课。而且"他是什么课都能教"，他的同事告诉我们。苏霍姆林斯基每天都会把他在课堂中对学生的观察写下来。实际上，苏霍姆林斯基的所有作品都是对学生行为的观察和对学生需求的思考。苏霍姆林斯基不会要求学生回答统一的答案。下课后，很多学生都会围在他的身边。

苏霍姆林斯基每天都会听课，坚持听2节。他悉心指导年轻教师怎么上课。有一位老教师，她曾经在苏霍姆林斯基当校长时来学校实习，后来留下了。她含着泪告诉我们："苏霍姆林斯基不爱笑，但笑起来很帅，很迷人。全校师生都很喜欢看到他，但又有点儿怕他。"

苏霍姆林斯基说："在课堂上讲课时，我的大脑只有那么一小部分在思考教材，我的全部身心几乎都沉浸于思考——思考着孩子及他们的情感，思考着他们的家长，思考着最为主要的、最为困难的东西——人的幸福。教师啊，这些孩子的命运掌握在你的手中，你是他们幸福的创造者。"

我们在纪念馆见到了苏霍姆林斯基的听课笔记,厚厚的几十本。如果不仔细辨认,根本就看不出是手写笔记还是印刷品。

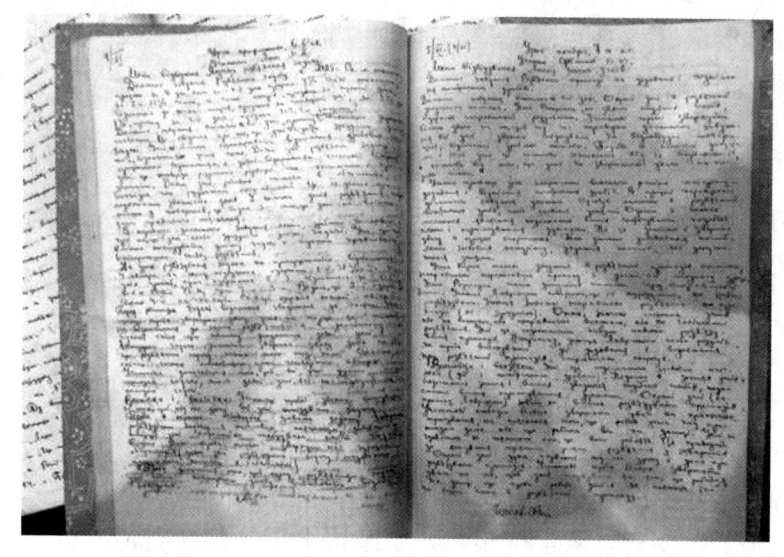

苏霍姆林斯基的笔记

苏霍姆林斯基说:"课堂不应该只在教室。"

帕夫雷什中学里,有花园,有果园,有树园,有菜园。教室的走廊上、校园的小道旁,都陈列着学生的手工作品。我们去访问的那一天,正赶上学校一年一度的"面包节"。数百种面包,数十个节目,让人目不暇接。

65岁的女校长瓦琳娜·德尔卡琪说:"这是苏霍姆林斯基校长开创的传统。"

苏霍姆林斯基历来大力提倡教师必须"目中有人",看得见一个个鲜活的生命,因为读懂"人"才能从事教育教学,才能真正唤醒人更好的自我,体现孩子们作为"人"的价值。

他坚决反对教师们在课堂上、在交往中、在校内外"目中无人""看不见孩子"。苏霍姆林斯基不管是上课还是听课,都是把关注点放在孩子身上。"人是最高价值",这是苏霍姆林斯基教育思想的核心。他自己时时处处身体力行。

四

下午:带着孩子一起玩——搞课外活动。

帕夫雷什中学是一所11年制的学校。学生从一年级一直读到十一年级(高中),毕业后上大学。这所学校现在有500多名学生。苏霍姆林斯基当校长的时候有300多名学生。在乌克兰,没有重点学校,离家最近的学校就是最好的学校。

下午1:30,帕夫雷什中学放学了。一些学生回家了,还有一些学生会留下来参加各种课外活动:木工、机械、科技制作、动物养殖、园艺、体育训练……

苏霍姆林斯基和学生一起完成的手工作品

苏霍姆林斯基校长亲自担任"课外活动课"的辅导员。在学校展览馆,我们看到了苏霍姆林斯基与学生一起动手做的汽车、风车、打孔机……这些不是模型,是实实在在的工具。讲解员说:"苏霍姆林斯基做的汽车是能开的汽车,不是简单的模型。"

那时候,苏霍姆林斯基校长就发给学生《培训证》了,学生毕业后,就可以上岗工作,自谋生路了。

至此,我从心底里认识到:苏霍姆林斯基确实是个伟大的教育家,他有思想,有情怀,有方法,有实践。特别在坚持——"人是最高价值"这一真理方面,在坚持人性化教育、批评违背人性的教育现象方面,彰显了那个时代难得的良知、风骨和人格魅力。

共同的劳动使他们亲近,共同的自豪感使他们激动,教育实际上也应该如此。这里,情感——追求共同目标的情感和付出共同劳动的情感,应该就把睿智的向导与缺乏经验的年轻旅行者联结在一起了。我要再一次强调:教育——不是轻而易举的劳动,只有当受教育者因自己付出了劳动而感受到欢乐的时候,才能把道德价值融入自己的心灵之中。只有存在着共同劳动,并同时展开教育时,自豪和荣誉——我们应当在年轻的旅行者心中确立的情感,才会植根于向导和旅行者的共同劳动之中。

五

放学后:家庭访问。

帕夫雷什中学就在一个镇子(实际上就是个村子)里,本镇的孩子都在这所学校上学,一直读11年。苏霍姆林斯基在这所学校担任了23年校长,一直到离世。

苏霍姆林斯基不仅认识每一个学生,而且认识每一个孩子的家长,这些都是在放学后做的工作。他认为,要教育好孩子,必须了解孩子的家庭教育背景,学校必须与家庭合作。苏霍姆林斯基经常上门访问，还经常把家长请到学校来，共同讨论教育孩子的各种问题。

他在校内率先创办了"家长学校"，还亲自编写教育大纲，有计划有步骤地开展活动，促使家长为孩子们树立榜样，使学校与家庭教育努力融为一体。在20世纪60年代，帕夫雷什中学在家校合作方面在全苏联发挥了榜样作用。

到现在为止，帕夫雷什中学仍然有家长建设和管理的阅读室，也有家长和孩子们共同打造的童话王国及手工作品系列。

六

晚上：读书。

苏霍姆林斯基说："教师若不读书，若没有在书海中的精神生活，那么提高他的教育技能的一切措施就都失去意义了。"

我们参观了苏霍姆林斯基的书房兼办公室。这间办公室大概20平方米，除了窗户，从地面到天花板全都装满了书架，书架上全挤满了书。苏霍姆林斯基爱读书，爱写作。

詹大年和李镇西老师在苏霍姆林斯基书房

这就是苏霍姆林斯基每天的教育生活安排。从这里我们真切地看到了一位教育战线的实干家,一位由教育实践哺育起来的理论家。

1970年9月2日,年仅52岁的苏霍姆林斯基与世长辞。他虽然离开了我们50多年,但他的精神依然活着。

帕夫雷什中学的N个不一样

2019年10月2日,以杨东平为顾问、李镇西为团长的访问团访问了乌克兰帕夫雷什中学。帕夫雷什中学是当时世界上最著名的实验学校之一。伟大的教育家苏霍姆林斯基在这所学校担任了23年校长,直到他离世。

帕夫雷什中学跟我想象中的"名校"不一样……

1. 围墙不像墙,校门不像门。一道不到一米高的铁栅栏把学校与马路隔开,这就算学校的围墙了。这样的围墙是不用"翻"的,直接可以跨过去。上了9级台阶,就是校门。我们在校门口合了个影,门口同时站4个人都很挤。我们还到了帕夫雷什中学旁边的一所中学,它的围墙还不到大腿高,校门和菜园子的门差不多。(作者点评:"校"门与"园"门不一样。)

2. 建筑老旧。帕夫雷什中学有上百年的历史,主楼从建校开始用到现在。主楼约1100平方米,两层,木楼板,U字形结构。苏霍姆林斯基办公室、苏霍姆林斯基展览馆、教师办公室、学生活动室、作品展览都在这里。学校一共三栋房子,主楼依然是学校最大、最雄伟的建筑。我们在乌克兰参观的其他几所学校的校园建筑和帕夫雷什中学差不多。(作者点评:不知道乌克兰有没有"危房鉴定"。)

3. 校内没有大路,小路很窄。学校有三栋房子,房子与房子之间的道路就如乡村小道一般,仅容两三个人通过。高高低低、弯弯曲曲,看不见机械施工的痕迹。别说汽车,校园里连自行车都"开"不进来。校园里小路很多,但大多在菜园、果园、树园里。特别是树园里,差不多每棵树下都有小路相通。(作者点评:小国之小,在于"小气"。)

4. 整个校园没有标语、标牌、宣传栏之类,室外连字都见不到。满校园都是师生种的花果,还有"上了年纪"的老树。路旁是一些手工作品,简直就是一个童话世界。还有各种各样的凳子、风雨亭都在路边。我在一个教室门上见到了字,不知道算不算"标语",翻译告诉我这些字的意思——"可以玩耍,可以阅读,可以犯错,可以思考……"(作者点评:如果标语、口号与学生无关,只是校长写给领导看的,那其实是校园文化形式本身的不公平——校长怎么可以在孩子的地盘上说一些孩子听不懂的话呢?)

5. 学校没有操场,但果园、菜园、树园很大。帕夫雷什中学的女校长介绍说,500多个师生,蔬菜和水果基本可以自给。我看到很多孩子都在树上爬来爬去,那些树干被孩子们爬得光溜溜的了。学校也没有空地,房子周围、道路两旁一小片一小片的花草生机勃勃。校长让我们每位客人在主楼旁边栽了一株玫瑰,我栽了两株。(作者点评:没有哪个学生喜欢做操,但没有哪个校长不喜欢"检阅三军"的感觉。)

6. 早上8:00上课,下午1:30放学,没有住校生,孩子放学就回家。女校长介绍说,也有一些孩子放学后留在学校搞课外活动的。大概有30%的学生完全自愿参加课外活动。国家实施11年免费教育,除了个别的课外活动课需要收费以外,学校不向学生收取任何费用,根本就没有什么"补课"之类的项目。苏霍姆林斯基校长在世的时候每天都会带着学生一起搞课外活动。他和学生一起制作的汽车是可以开的,农具是可以用的。(作者点评:家长和孩子都没有压力。)

7. 没有考试,没有升学,没有补课。小学4年、初中5年、高中2年,没有"小升初""中考"的概念。小学4年,基本就是在校园里玩耍。乌克兰的高考和中学毕业考是同一次考试。毕业考10门学科,高考10选4,只有乌克兰语是必选学科。全国没有"重点学校",村村办学,校校一样。乌克兰的村校大多是11年制的,也有9年制的,那是因为村子里学生太少,高中2年就跟邻村的学校合并了。在乌克兰,政府是没有权力拆并学校的,只要村子里还有一个学生,这所学校就得继续办下去。乌克兰的学校都是"中学",因为根本就没有四年制的"小学"。每个孩子一生只需要上两所学校:村子里的中学和国家的大学。乌克兰的大学多,但生源少。(作者点评:为什么不多办几所"苏霍姆林斯基实验中学"?据说,乌克兰也开始办私立学校了。)

8. 校长不轮岗、不退休,权力还"很大"。国家的课程和大纲只给校长做参考。校长可以决定学什么或者不学什么。除了11年级的毕业考试(同时也是高考)由国家统一举行以外,其余的考试由校长决定,考不考、考什么、何时考都由校长决定。苏霍姆林斯基在帕夫雷什中学担任了23年校长,现任女校长德尔卡其女士69岁了,她在帕夫雷什中学干了20年校长了。我问她打算什么时候退休,她说还没考虑。在乌克兰,我们还拜访了另外两位女校长——一位74岁,她在基辅人文中学当了27年校长,还有一位84岁的老太太,她在一所中学当了46年校长。(作者点评:谁管校长呢?)

9. 教师不专业,也没有"证"。女校长介绍:帕夫雷什中学的教师基本都是本村的人,因为每个村子的学校都需要教师,帕夫雷什中学又远离城市,招聘教师也很困难。只要本人愿意,校长看着"还不错",就可以进来当老师了。对学历没有什么规定,也没有相关"证书"的要求。学校40多位教师,个个能歌善舞。(作者点评:看似老师好当,其实老师难招。)

10. 学校的"节"很多。我们去访问的时候,就刚好赶上面包节。各种面包、各种舞蹈、各种服装、各种原生态的小制作,让我们目不暇接。(作者点评:原来"课"可以过成"节"的。)

11. 校园里不禁止学生谈恋爱。跟我们同行的翻译——一位28岁的中国姑娘,她8岁就跟随父母到了乌克兰,现在也和乌克兰小伙子结婚了。我问她:"你在中学谈恋爱了吗?"她说:"谈了呀,我们班的女生都谈了。公开的呀,乌克兰的学校又不禁止学生谈恋爱。"乌克兰是全球出美女的地方。在乌克兰,到处都是漂亮的女孩子,当然,也有不少帅哥。帕夫雷什中学的女校长说，有些孩子一毕业就结婚了。(作者点评：如果小时候就被植入一些"高大上"的价值观，谈个恋爱是苦的，结个婚也是累的……)

12. 校园是孩子们的天下。每个教室的后面都有一个大柜子，给学生摆放各种杂物，柜子下方是一个约6平方米的厚厚的地毯。校园里各种凳子、棚子都很结实。每个走廊上都是学生的各种手工作品。活动室又是舞蹈室，又是球场，还有梯子等各种运动器械。树园遮天蔽日，是孩子们追逐打闹的天堂。(作者点评：每个孩子都有自己的玩处，没有恐惧，没有孤独，没有自卑。)

13. 家长也是校园的主人。花果是家长和孩子一起种的，各种手工作品是家长和孩子一起完成的。学校的图书阅览室也是家长布置的，很多的书也是家长拿来的。家长还可以随时进入阅览室看书。(作者点评：天天"家长会"，时时"亲子课"。)

14. 不见门卫，也不见保安。门不像门，墙不像墙，所以也就没有了门卫和保安的概念，更没有见到监控摄像头。(作者点评：谁来干掉恐怖分子？)

15. 见面交流很随意。师生给我们唱歌、跳舞、献花、献面包……很有礼节，但又一点都不拘束、不做作。尽管语言不通，只能靠眼神与肢体语言交流，好像也没有什么障碍。每一个孩子都很自然、很活泼、很友好。（作者点评：我最害怕齐刷刷地鞠躬和齐刷刷地问"老师好"。）

16. 没有"领导陪同"。在我的想象中，一个不远万里到帕夫雷什中学访问的外国专家团（何况我们这个团的级别还是挺高的呀——李镇西老师的作品和照片在苏霍姆林斯基展馆里是外国人中最多的）按理说乌克兰应该派领导陪同的。但是，没有。除了校长，当地连个村长都没有出来陪同。校长陪了我们12个小时，从早上9点到晚上9点。（作者点评：12个小时的访问，没有一位领导来浪费我们1分钟时间，也没有一位领导来说1分钟瞎话。）

这所学校不考试、不排名，成绩却名列前茅，秘诀呢？

苏霍姆林斯基在帕夫雷什中学担任了23年校长，一直到这位伟大的教育家离世。校长瓦列京娜向我们介绍——这是一所11年一贯制的学校，11个年级500名学生全部是学校辖区里的孩子，没有外地来的"择校生"。在谈到学校的师资力量时，校长说："老师全部是这个村子里的人。我们是农村学校，条件不好，外地的老师不愿意来。"一贯制的11年教育，学生只有最后一次的毕业考试，平时也有一些小测试，考不考、何时考、考什么都由校长决定。2019年，帕夫雷什中学的11年级毕业考试成绩名列克列缅丘格市3600余所学校的第17名。一所农村学校……不得了！我赶紧问："什么秘诀？"校长回答了四个字——家庭教育。

这所学校的家庭教育是怎么搞的呢？

1. 注重亲子阅读

学校设有专门的亲子阅读时间，有一个亲子阅读的阅览室——阅览室不大，图书基本是家长捐赠的。

2. 注重亲子活动

校园里，随处可见的各种手工作品把校园装点成一个童话世界。校长告诉我们：这些作品都是家长和孩子们一起制作的。制作一个作品其实需要花很长时间。学校有一个大果园，还有一个温室菜园。家长和孩子们经常在这些园子里一起劳动。这种活动和我们现在的"项目式学习"差不多。

3. 放学很早，让孩子尽量多的时间待在家里

帕夫雷什中学的学生都是走读。每天5节课，下午1:30放学。放学后，大概有30%的学生会留在学校参加社团活动，70%的学生放学就回家了，和家长一起劳动。这里的家长都很"闲"，他们以陪伴孩子为职业。1948年至1970年，著名教育家苏霍姆林斯基在帕夫雷什中学当校长。苏霍姆林斯基倡导的家庭教育模式一直就这样保持着。

或许，在这样的教育里，根本找不到我们所需要的方法——立竿见影的那种。但是，我认为，孩子的安全感、存在感、幸福感得以满足，就会有无限的创造力。乌克兰其他学校的教育模式基本和帕夫雷什中学差不多，一百多年没有什么变化。只有4100万人口的乌克兰出了6位诺贝尔奖获得者。

这所学校告诉我：德育不是装腔作势骗孩子

参观乌克兰帕夫雷什中学，我们花了三天时间。

10月4日，我们去参观了乌克兰基辅人文中学。这所不一般的学校，留给我的记忆这一辈子也不会忘记。

校　　长

尕琳娜是一位76岁的老太太，在这所学校当了27年校长。她跟我们介绍说她是乌克兰历任总统的好朋友，乌克兰历任总统都到过这所学校。

校长说她自己是这所学校最好的老师。她曾经多次获得国家"优秀教师"称号。尕琳娜出身于建筑世家，但她爱孩子，当了老师。尽管76岁了，但她不想退休，总希望跟孩子们在一起。

这位老太太给我的第一印象是豁达、热情、平和、年轻、自信、活力四射。她指着图片眉飞色舞地向我们介绍她的学生：其中有一位学生就当过乌克兰的教育部长。

尕琳娜校长和李镇西老师是老朋友，见到我们也像遇到老朋友一样。

这位校长和孩子们在一起时流露出来的幸福感可以感染任何人。

教　　室

学校走廊上都是艺术作品，以油画和雕刻居多。这些作品，基本来源有三个：一是本校学生的作品，二是国内著名艺术家的作品，三是名人的业余作品，其中就有乌克兰几位总统的作品。

除了艺术品，走廊上还摆着休闲沙发和花草。厕所里的设备和五星级宾馆差不多：洗手台、自动热水、洗手液、卫生纸、擦手纸、烘干机。

学校的教室都不大，约40平方米，每一间教室都很温馨，很高雅。教室的黑板都很小，1平方米左右，黑板的上下左右全部被大柜子占满了，黑板就像嵌进大柜子里似的。教室的四壁全部被艺术作品和书籍霸占了，窗帘干净而别致，窗子不大。宽阔的窗台是鲜花和艺术品的空间。

教师的办公区就在教室前面的角落里,办公台上有电脑、书籍、花瓶,还有乐器。有一位女老师顺手拿起办公台上的吉他来了一曲,赢得了大家的掌声。

木质的课桌是长条的,每张课桌坐三个人,课桌上没有摆书籍,抽屉里也见不到几本书,书包也瘪得很。

除了教室门上贴着的课表,整个校园里没有"标语上墙""制度上墙"。

学　生

这所学校是一所以"人文教育"为特色的中学(在基辅,这样的"特色学校"有十几所),招收8至11年级的学生,现在有350名学生。它是一所公办学校,教育免费,开设的课程以语言类、艺术类为主,数理化等学科也要学。学生毕业后有很多去留学,在中国留学的是最多的。

有一位女生汉语讲得比较好,她是八年前从这所学校毕业的,毕业后在北京留学,也在北京工作。这一次听说母校要接待中国客人,特地从北京飞回来做义工。

学生大多是黑色的西装外套,白色的衬衣,简约、明快,又显得很绅士。男孩子头发都很短,女孩的头发自然而飘逸。

校长邀请我们在表演厅观看了几个学生表演的节目，有体操，有舞蹈，有独唱，有话剧。这些孩子应该受过专业训练，不慌不忙，很有功底。

我们离开的时候，刚好是学生下课，走廊上孩子们说着笑着跟我们打招呼，跟校长拥抱。有一个姑娘提出要和我合影，后面马上就笑嘻嘻地跟上一大排。我们走的时候，那些孩子拥着我们把我们送到楼梯口。

其实，这样很好。所谓学校德育，完全没有必要装腔作势去欺骗孩子、折腾孩子、吓唬孩子。

学校简介

昆明丑小鸭中学,一所专门帮助初中阶段不适应传统教育、不接受传统评价的孩子的学校。2011年,由詹大年、杨柳芳创办。被誉为"中国的巴学园"。

图书在版编目(CIP)数据

好的关系 好的教育/詹大年著.--太原:山西教育出版社,2023.4(2025.11重印)
ISBN 978-7-5703-3213-7

Ⅰ.①好… Ⅱ.①詹… Ⅲ.①中学教育—教学研究 Ⅳ.① G632.0

中国国家版本馆 CIP 数据核字(2023)第 056843 号

好的关系 好的教育
HAO DE GUANXI HAO DE JIAOYU
詹大年 著

责任编辑	樊丽娜 李龙飞
复 审	刘继安
终 审	康 健
装帧设计	薛 菲 崔文娟
印装监制	蔡 洁

出版发行 山西出版传媒集团·山西教育出版社
(地址:太原市水西门街馒头巷7号 电话:0351-4029801 邮编:030002)
印 装 山西人民印刷有限责任公司
开 本 890×1240 1/32
印 张 9
字 数 139千字
版 次 2023年4月第1版 2025年11月山西第9次印刷
书 号 ISBN 978-7-5703-3213-7
定 价 58.00元

如发现印装质量问题,影响阅读,请与山西教育出版社联系调换。电话:0351-4729718。